VOYAGE
EN ITALIE.

IMPRIMERIE
A. ÉVERAT ET COMPAGNIE,
rue du Cadran, 14 et 16.

Voyage EN ITALIE

PAR JULES JANIN.

...Tenero duce et auspice Tenero
Hor.

La Palazzina Loggarini.

Paris
Ernest Bourdin et Cie Éditeurs.
16, rue de Seine-Saint-Germain.

Au Comte Anatole de Démidoff.

Ce livre est à vous encore plus qu'il n'est à moi. Recevez-le comme un souvenir des plus belles heures de ma vie, quand nous avons visité ensemble cette noble cité de Florence, qui vous a adopté comme son enfant.

Puissent ces pages, écrites dans toute la vivacité d'une admiration bien sentie pour l'Italie, la patrie poétique, durer autant que le dévouement de ma reconnaissante amitié.

Jules Janin.

Paris, 1er Décembre 1838.

VOYAGE
EN ITALIE.

INTRODUCTION.

Nous avons recueilli avec le plus grand soin le récit de ce *Voyage* dans les plus doux recoins de l'Italie, écrit avec la passion la plus naïve et l'inspiration la plus naturelle, par un écrivain jeune, ardent et convaincu, qui, pour la première fois de sa vie, mettait le pied hors de la France, et se perdait dans les enchantements poétiques dont il avait eu à peine une idée, en lisant toute sa vie les historiens et les poëtes.

Dans cette course rapide de Lyon à Turin, de Turin à Gênes, de Gênes à Lucques, où le hasard, clairvoyant cette fois, lui a donné une belle maison des champs, comme Horace lui-même l'eût choisie, de Lucques à Pise, entre les trois grands monuments qu'il a si bien décrits, le *Campo Santo*, le dôme et le baptistère de Pise ; de Pise à Florence, où il a passé les plus belles semaines de sa vie, et enfin de Florence à Milan, d'où il est revenu en toute hâte en traversant le Splugel et la Suisse, pour échapper aux fêtes du couronnement, M. Jules Janin n'a pas oublié un seul instant ses lecteurs de chaque jour. Il savait que la popularité de l'écrivain tient non-seulement à son talent, mais encore à son zèle ; et bien qu'il fût sûr que tout ce qu'il avait sous les yeux avait été décrit déjà mille fois, il le décrivait encore, tant il avait l'intime conviction qu'on avait vu sans doute l'Italie mieux que lui, mais que personne ne l'avait vue comme il la voyait.

Et réellement ces belles pages, ainsi écrites dans l'enthousiasme du voyage, en présence même des monuments et des hommes dont il est parlé, ont porté avec elles, nous ne savons quelle nouveauté que l'on croyait désormais impossible. La France les a lues comme si l'Italie était une terre nouvellement découverte et quand le voyageur est revenu, il n'a pas été peu surpris d'un succès qu'il n'espérait guère, tant nous possédons déjà de livres sur le même sujet, depuis les lettres emphatiques du président Dupaty, jusqu'à la table chronologique de M. Valery. Il faut donc qu'un pays soit bien rempli de chefs-d'œuvre et de souvenirs pour faire vivre ainsi, par la seule force de son nom, les ouvrages les plus différents.

Pour nous, nous avons fait un livre de ces pages éparses qu'on ne pouvait laisser ainsi le jouet des vents et du caprice populaire, et, afin que rien ne manquât à la popularité nouvelle que nous espérons pour cet ouvrage, nous l'avons accompagné des plus belles gravures qui soient sorties du burin sans rival de l'Angleterre. Si bien que ce beau petit recoin de l'Italie sera cette fois doublement illustré par l'esprit, par le style, par la grâce de l'écrivain, par la nouveauté, par l'énergie, par la vérité du dessinateur.

I.

LYON. — LE CHEMIN DE FER. — LE MONT-CENIS.

Turin, le 5 juin 1858.

Monsieur [1],

Lorsqu'avec une bonté toute paternelle vous m'avez mis sur le cou la bride littéraire, en me disant : — *Va, mon fils*, vous m'avez permis en même temps de vous écrire quelques-unes des vives impressions de ce beau voyage que j'allais faire; car vous savez bien

[1] M. Bertin l'aîné, le rédacteur en chef du *Journal des Débats*.

qu'il me serait impossible de renoncer tout à fait, même pour un instant, à cette douce habitude de m'entretenir à cœur ouvert avec nos lecteurs de chaque jour. Il y a déjà si longtemps qu'eux et moi nous sommes en rapport de pensées, d'opinion, de blâme ou de louange, qu'il me semble, ai-je trop d'orgueil? qu'ils ne seront pas fâchés de savoir ce que devient, à cette heure, leur vagabond critique, et comment il se trouve de sa vie oisive et contemplative, et ce qu'il devient dans cette Italie qui se présente pour la première fois à sa curiosité impatiente. Admirable voyage, en vérité, tout rempli de surprises, d'admirations, d'étonnements et d'émotions de toutes sortes, et comme je ne l'avais pas rêvé même dans nos poëtes favoris.

Donc, partis de Paris le 25 mai, nous avons quitté Lyon le 29 de ce mois. Je ne vous parlerai pas de mon compagnon de voyage; vous savez, en effet, et nos lecteurs le savent comme vous, si c'est là un voyageur actif, ingénieux, habile à découvrir toutes choses, observateur très-fin, habitué dès sa plus tendre jeunesse à profiter des moindres hasards de la route;

le moyen de ne pas bien voir toutes choses avec un pareil guide ! — Cependant notre départ de Paris a été triste en raison même de la longueur du voyage. Ce n'est pas un mot facile à prononcer, ce mot : *Adieu!* quand il s'adresse à tous ceux qu'on aime, à ces amis de chaque jour qui vivent de votre pensée et de votre vie ; — adieu donc les fidèles compagnons de mes travaux, de mes études, de mes plaisirs; adieu à la douce flânerie à travers ce monde parisien qui est notre monde; adieu à nos grands hommes de la veille, à nos grands génies du lendemain, à nos chefs-d'œuvre de l'heure présente. Que de grands noms vont éclore et mourir sans que j'aide à leur vie ou à leur mort ! que de beaux ouvrages dont vous ne saurez même plus les noms ! que d'illustres et bruyants génies, dont vous n'aurez plus rien à dire à mon retour !

Mais mon compagnon de voyage va vite ! On dirait que les chevaux de poste reconnaissent sa voiture ; à son nom seul, tout postillon s'incline, le fouet éclate tout seul, la route s'enfuit au loin, les villes passent en courant, les montagnes sont aplanies, les vallons

Pagination incorrecte — date incorrecte

NF Z 43-120-12

sont comblés, le courrier de la malle, ce juif-errant de l'administration des postes, se retourne lui-même, effrayé de ce concurrent redoutable. Aussi bien, arrivés à Lyon, me semblait-il à peine que j'étais parti de Paris.

Lyon est déjà une ville du Midi, mais une ville qui produit et qui travaille. Mollement assise entre ses deux beaux fleuves, à l'ombre de ses collines chargées d'arbres, vous diriez, au premier abord, que la ville va s'abandonner tout à son aise à la molle oisiveté orientale; qu'elle va se baigner dans ces flots limpides, et se mettre à rêver sous ces frais ombrages, en un mot, faire de la poésie, comme le berger de Virgile sous son hêtre! Que vous êtes bien dans une grande erreur! La ville est active, animée, bruyante, avide du gain; elle vend, elle achète, elle fabrique; ses deux fleuves si beaux, chers aux poëtes, elle ne les regarde, elle ne les estime que comme deux bêtes de somme infatigables, sans cesse obéissantes et sans cesse occupées; elle arrache l'ombre de ses collines pour y brasser sa bière, elle encombre de fardeaux ses beaux rivages; la ville posséderait le hêtre de

Tytire, qu'elle jetterait au feu cet arbre sacré ou qu'elle en ferait une barque. Singulier contraste, mais plein de variété et d'intérêt !

Dans ce mouvement occupé, dans cette foule active et agitée par le gain, que devient le poëte, que devient le rêveur ? Il est mal à l'aise, croyez-le, au milieu de tout cet argent en rut qui s'agite pour se multiplier. Le commerce, rude portefaix, coudoie en passant la souffreteuse poésie. En vain le poëte, guidé par ses souvenirs, s'en va cherchant à la trace, dans cette vaste fourmilière, les émotions de ses vingt ans ; hélas ! il ne sait où les reprendre ; tant la ville de son enfance a changé d'aspect ! La Saône, il y a vingt ans, était chargée de ces frêles barques nonchalantes si bien faites pour la promenade du soir : un pont, jeté à cette même place consacrée aux promenades du soir, a remplacé les barques de la Saône. Sur ces hauteurs s'élevaient, ruines formidables, les restes de la prison d'état où fut enfermé le beau M. de Cinq-Mars et M. de Thou, le savant jeune homme, jeunes gens que le cardinal frappa de son gantelet de fer : ces hauteurs sont dépouillées de leurs ruines et le roc nu a remplacé toute cette histoire. Même la grotte pittoresque où dormit Jean-Jacques Rousseau, le puissant inconnu, à présent la ronce l'encombre; la grotte n'a plus de mousse, plus d'hospitalité pour personne. Et jusqu'à toi, mon vieux Rhône, qu'on disait indomptable, toi le terrible lion dont on touchait en tremblant la crinière toujours furieuse, te voilà vaincu et dompté à jamais par la vapeur; sur ton dos marchent des nations entières, aussi tranquilles que si elles étaient assises sur ton rivage.

Cependant allons voir, s'il vous plaît, d'un pas calme, au bout de l'allée Perrache, la solennelle union des deux fleuves, quand la Saône, lente et timide fiancée, se va jeter dans les bras de son fougueux époux, qui l'emporte au loin en bondissant d'orgueil. Hélas! même ce magnifique spectacle est troublé par l'industrie! Voyageur attentif à cette lutte sans fin de la rivière contre le fleuve, du flot bleu contre le flot jaune, du murmure contre le bruit, de l'onde ridée à peine contre la vague écumante, prenez garde! car derrière vous, et pour vous disputer le passage, tout à l'heure va passer en grinçant des dents le chemin de fer, le nouvel esclave, l'esclave tout puissant du monde matériel!

Ainsi chassé de tous les petits coins de terre dont il croyait avoir gardé le secret, le poëte se rappelle alors que tout là-haut, au sommet de ce roc isolé que l'industrie n'a jamais pu franchir, loin du bruit, du mouvement, du commerce; si haut que même la vapeur, la nouvelle âme du monde, ne saurait atteindre à ces hauteurs, la croyance religieuse s'est gardée à grand'peine quelques pieds carrés sur le rocher; qu'à cette place s'élève une humble chapelle consacrée à la Vierge et qu'au moins de cette chapelle, l'âme pourra s'isoler loin de ces bruits étranges et de cette poussière venue de toutes les extrémités du monde marchand. — Montons-y donc, se dit le poëte; et en effet, le voilà qui gravit lentement la montagne; il traverse une à une toutes les misères cachées dans ces rues étroites; peu à peu il s'éloigne de ces métiers qui battent (heureuse la ville de Lyon, quand battent ces métiers! car le silence de ces quatre morceaux de bois, qui font le velours des trônes, est mortel), et ainsi grimpant, le poëte arrive à la chapelle de Fourvières.

Mais cette fois encore, ô désolation ! Le commerce a envahi même la hauteur de Fourvières. La spéculation a construit à la porte de la sainte chapelle une horrible tour carrée, de deux cents pieds de hauteur ; la tour écrase de sa masse profane l'élégant petit clocher, la tour projette son ombre grossière sur l'ombre dentelée de la petite église ; on ne voit plus l'église, on ne voit plus que la tour. Pèlerin recueilli en vous-même vous pensiez entrer dans la chapelle, vous n'êtes plus qu'un voyageur oisif, un curieux, et vous entrez malgré vous dans la tour. A la porte de la tour, vous payez votre entrée comme à la porte d'un spectacle ; puis, quand vous avez grimpé une heure encore, vous vous trouvez sur une plate-forme immense ; de la plate-forme vous découvrez, dans un horizon sans limites, ces plaines sans fin, ces hautes montagnes, ces fleuves reluisants sous le soleil ; votre regard ébloui se perd au loin dans ces abîmes de neige, dans cet océan de verdure, dans ces déserts de sable ; vous comptez les maisons, les jardins, les domaines, les cités, les royaumes. — Es-tu content, poëte ? Ce monde sans mouvement et sans bruit, ce monde qui n'est que grand et beau et qui nage dans la poussière éclatante que jette au loin l'astre du jour, n'est-ce pas là le royaume que tu cherchais, le royaume qui n'est pas de ce monde? Et enfin, tout d'un coup, n'en pouvant plus, vous fermez les yeux et vous vous rappelez cette haute montagne dans l'Évangile, au sommet de laquelle l'ennemi du genre humain transporta Notre-Seigneur, et lui montra du doigt; mais sans lui faire plier le genou, tous les royaumes de l'univers!

Une fois descendu de cette tour, le moyen d'entrer dans la modeste chapelle? Vous auriez peur de vous briser le crâne contre ces frêles arceaux gothiques. Le moyen de vous agenouiller aux pieds de la Vierge, mère du pauvre, vous qui venez de voir à vos pieds la plus belle part de la France, escortée de ses plus beaux fleuves, encadrée dans ses plus hautes montagnes! Aussi, à dater du jour où cette tour malencontreuse fut construite, il n'y eut véritablement plus de chapelle de Fourvières. La sainte Vierge a été vaincue par le spéculateur son voisin, la tour massive a écrasé l'humble clocher, le curieux a remplacé le croyant.

En vain l'église a voulu se défendre contre cette pierre envahissante, la pierre est restée immobile. Le temps n'est plus où la foi soulevait même les montagnes. Maintenant c'est la montagne de pierre qui écrase l'autel, et l'autel se laisse écraser sans se plaindre. Où donc en est la foi chrétienne, aujourd'hui que le dernier marchand peut chasser le prêtre du temple? Un instant, à l'époque où les métiers, ces cœurs de la ville, ne battaient plus à Lyon, le génie militaire a été sur le point de mettre d'accord la chapelle et la tour du spéculateur : on voulait raser à la fois le temple et la boutique du marchand. Sur cet emplacement emporté d'assaut, se fût élevé un fort garni de canons, et destiné, comme tous les autres forts qui entourent la ville, à protéger Lyon contre le sommeil des métiers. Je ne sais pas pourquoi le génie militaire a épargné ainsi cette chapelle et cette tour; c'était pour la chapelle de Fourvières une belle occasion pour bien mourir.

Ce n'est pas que je veuille anéantir le modeste et pieux édifice en prenant ainsi sa défense contre les ignobles pierres qui se sont placées devant son soleil;

au contraire : si jamais chapelle catholique mérita nos hommages et nos respects, c'est la chapelle de Fourvières. Elle s'élève ou plutôt elle s'élevait loin des agitations des hommes, loin de leurs passions mauvaises, loin de leurs grands intérêts, si misérables quand on les voit d'en haut. Humble chapelle! elle était le rendez-vous de toutes les âmes tremblantes, de toutes les espérances timides! On y venait en pèlerinage du milieu de cette ville, ou plutôt du fond de cet abîme qui s'appelle Lyon, intercéder aux pieds de Notre-Dame des Sept-Douleurs. C'était une tradition, dans ce gouffre mouvant de spéculateurs et de marchands, sans entrailles et sans cœur, que Notre-Dame de Fourvières n'avait rien à refuser aux âmes tendres; aussi de toutes parts les mères venaient l'implorer pour leurs enfants, les femmes pour leurs maris. Humbles vœux! tendres vœux! souvent exaucés, comme l'attestent les murailles chargées d'*ex-voto*. Malheureusement cette abominable tour, placée là pour servir en même temps de café, de tabagie et d'observatoire frivole à l'usage des oisifs, tuera la chapelle de Fourvières; et voilà pourquoi il eût mieux valu pour la chapelle être ensevelie dans ses ruines.

Ainsi désenchanté même de Fourvières, où donc aller maintenant dans cette ville que la spéculation a de haut en bas envahie! On n'y retrouve même plus les vestiges de son dernier siége, un siége d'hier! Car ces murailles savent réparer leurs brèches; à la maison écrasée a succédé à l'instant une maison neuve. L'incendie même, dans cette étrange ville, ne laisse pas de traces de son passage. Par exemple, il n'y a pas quinze jours que brûlait tout un quartier des Brotteaux; figurez-vous le pâté des Italiens tout en flammes. Eh bien! j'ai voulu voir l'emplacement de cette ville qui brûlait encore il y a huit jours: *campos ubi Troja fuit!* Qui le croirait? nulle trace d'incendie! pas un seul pan de muraille dégradé ou noirci! pas une trace de fumée, pas un décombre! Vous n'avez plus sous les yeux qu'un vaste emplacement déjà tout prêt à recevoir de nouvelles constructions, et qui les recevra demain.

Cependant le soir approchait. Les bateaux à vapeur, repus de feu et de fumée, étaient rentrés au port; le chemin de fer avait lâché au loin sa dernière cargaison humaine ; l'ombre descendait dans la ville, et avec l'ombre ce bruit indéfinissable qui n'est pas le bruit occupé et mercenaire, mais bien le bruit de l'homme qui se promène ou qui se repose. Je me souvins alors qu'il y avait à Lyon une place consacrée du moins à la poésie profane ; vaste place arrosée de bière, dont l'écho répète incessamment toutes sortes de chansons joyeuses, dont le petit théâtre fut longtemps l'asile licencieux et bruyant de la Melpomène du dernier ordre. — Je vais à cette place des Célestins ; elle n'est plus reconnaissable. Le théâtre est fermé par la spéculation ; la Melpomène crottée et sans corset a changé de domicile ; les chanteurs ambulants, bohémiens déguenillés de la nuit, habitent à cette heure de resplendissants cafés qu'ils remplissent de leurs rauques mélodies ; leurs dignes femelles à la voix roucoulante sont vêtues de gaze et de soie, et elles forment des groupes comme dans le *Décaméron* de Winterhalter, mais un Décaméron sans jeunesse, fané, fardé, à la voix fausse et aux grosses mains. — Le petit théâtre a été porté plus loin, mais il est désert, — le grand théâtre est désert ; quand j'y entrai, une grosse sylphide sautait sans balancier sur le léger fil de soie et d'or que mademoiselle Taglioni effleure à peine; seulement, pour la sylphide lyonnaise, on avait remplacé par une corde à puits le fil aérien de mademoiselle Taglioni. — Les autres sylphides portaient des bas de coton sans jarretières. Au dehors de ce triste lieu mal éclairé, la nuit était belle et sereine; le rossignol printanier chantait à perdre haleine sur les bords fleuris de la Saône. Mais parmi ces oreilles marchandes blasées par le son de l'or, quelle est l'oreille digne d'entendre chanter le rossignol?

— Bon, me dis-je le lendemain en me réveillant, à quoi sert la poésie, et qui donc veut de la poésie? Loin de nous l'idéal! Il n'y a dans le monde que le positif. Vendre et acheter pour revendre et pour racheter, voilà la vie! A bas les rêveurs! vivent les marchands! Donc, vautrons-nous tout à notre aise dans le positif, soyons de notre pays et de notre siècle! Et du même pas, je me mis en route pour le chemin de fer. Ici, monsieur, ne pensez pas que vous allez rencontrer un chemin de fer comme celui de Saint-Germain, coquet, paré, le pied léger, arrivant au but d'un seul bond; non, par Dieu! ce n'est pas cela. Le chemin de fer de Lyon à Saint-Étienne, ce n'est pas, comme celui de Paris à Saint-Germain, un plaisir, c'est une affaire. Cette fois, le charbonnier, le forgeron, remplacent le gentilhomme; plus de fleurs, plus d'éclats de rire, plus de fraîches toilettes, plus de douces causeries à voix basse; mais du fer, de la houille, de gros spéculateurs, des gens d'affaires qui calculent ou qui dorment. Le chemin de Saint-Étienne, c'est la spéculation qui voyage économiquement en poste, rien de moins, rien de plus.

Aussi bien le chemin de Saint-Étienne est rechigné, renfrogné, mécontent, mal peigné; il ne part qu'à ses heures, et il part lentement. Il fait plus de cas d'un ballot que d'un homme; il donnerait toute l'Académie française pour deux wagons de houille. C'est qu'il a été construit pour la houille et non pour l'homme : donc, que l'homme attende! Comme aussi le chemin de Saint-Étienne ne suit qu'une ligne, l'horrible ligne droite. Il aurait pu, tout comme un autre, circuler légèrement sur le flanc des montagnes;

il a mieux aimé se précipiter brutalement dans le flanc même de la montagne, et vous tenir des quarts d'heure tout entiers dans cette nuit humide et profonde. Il aime mieux creuser une voûte que jeter un pont. La difficulté qu'il pouvait tourner, il la brise ; c'est un brutal qui marche violemment à son but sans s'inquiéter des malheureux qu'il traîne après lui.

Et notez que toute cette violence est une violence en pure perte ; il s'en faut, et de beaucoup, que cette droite ligne soit le chemin le plus court. Ce tyran de fer qui jette, chemin faisant, le feu et la flamme, a toutes sortes de caprices insupportables dans un personnage si mal dressé. Il va par sauts et par bonds, tantôt très-vite, tantôt très-lentement, sans dire pourquoi. Il est aussi fantasque qu'il est brutal, il change à chaque instant de pas et d'allure, il accomplit sa tâche dans toutes sortes d'équipages et des plus bizarres.

D'abord, pour sortir de Lyon, il attelle à son char, ou plutôt à ses chars, une demi-douzaine de chevaux de fiacre, misérables rosses efflanquées, qui ne savent comment sauter entre tous ces rails qui s'entre croisent. On sort de Lyon au pas, avec la lenteur d'un convoi funèbre ; on traverse ainsi la première voûte, et Dieu sait si le trajet vous paraît long ! Une fois hors de la voûte, le chemin de fer remplace ses maigres haridelles par une maigre machine à vapeur, d'un très-petit calibre, d'une force des plus médiocres, et nourrie, je veux dire chauffée, par charité. Cependant cette frêle machine vaut mieux à elle seule que cent chevaux comme ceux qui vous traînaient tout à l'heure, et vous allez assez bien pendant une heure ou deux, quand la machine est dételée à son tour ; cette fois, un coup de poing remplace les six chevaux de la première étape ; vous allez ainsi l'espace de deux lieues d'un pas assez calme, après quoi le convoi s'arrête de nouveau. Ce serait bien le cas ou jamais d'atteler une autre machine à cette longue suite de voitures mal construites. Le sentier est difficile et malaisé ; la pente qui allait tout à l'heure en s'inclinant, maintenant elle gravit la montagne, la descente est devenue montée. Allons ! c'est pour le coup qu'il faut de la vigueur ! Vite donc, une bonne machine bien nourrie, bien fumante, bien roulante, et dans vingt minutes nous sommes au but!

Hélas! non! le chemin de fer ne va pas si vite. Il ne possède dans son écurie qu'une machine, éreintée et asthmatique; d'ailleurs il nourrit, pour son usage particulier, dans un petit clos voisin, entre deux murailles de charbon, trois à quatre petits bidets de montagnes. Sur ces quatre maigres bidets aussi essoufflés que les machines, et encore plus mal nourris, le chemin de fer en choisit deux qu'il attelle à ses voitures, et voilà ces deux pauvres bêtes qui trottent menu entre ces deux barres de fer, jugez si l'on va vite ainsi traîné! Or, plus la chose est invraisemblable, plus elle est vraie! Et si vous ne comprenez pas comment il se fait que dans ce pays de houille on se prive d'une machine à vapeur assez forte pour faire en deux heures tout le service que ne font pas tant de mauvais chevaux en cinq heures, je vous dirai que personne n'y peut rien comprendre! Pour ma part, j'étais indigné; si le chemin de fer m'avait demandé mon nom, je lui aurais répondu : — Je m'appelle Émile Peyreire! A ce nom redouté, je ne pense pas que le chemin de fer aurait continué ainsi *son petit bonhomme de chemin!*

Pourtant quel plus bel emplacement fut jamais trouvé à un chemin de fer! Réunir deux villes de cette importance, Lyon et Saint-Étienne! Un chemin qui tient à la fois au Rhône, à la Saône, à la Loire! Partout sous vos pas, dans un rayon de trente lieues, le fer, le charbon, le minerai, que sais-je? Six cents voyageurs chaque jour, et sur lesquels le chemin ne comptait pas. Si Peyreire les tenait sous sa main intelligente, ces six cents voyageurs, il en aurait bientôt le double, lui qui, avant peu, jettera chaque dimanche un million d'heureux promeneurs dans la forêt de Saint-Germain! Et quel immense capital (une heure et demie ajoutée chaque jour à la vie de douze cents hommes) ne gagnerait-on pas, si au lieu de faire ce trajet-là en quatre heures et demie, le chemin de fer le faisait seulement en moins de trois heures? Et encore une fois, comprend-on que ce soient les machines qui manquent au chemin? Quoi! vous avez les voitures, vous avez les voyageurs, vous avez le fourrage, et vous n'avez pas le cheval!

Néanmoins (je vous avertis que la folle du logis va revenir) ! quel beau voyage à faire de Lyon à Saint-Étienne, même par le chemin de fer tiré à deux chevaux ! Comme j'étais heureux d'aller si lentement et de pouvoir admirer tout à l'aise ce beau pays traversé d'une façon si solennelle ! C'est en effet un paysage d'une incroyable variété. Il ne s'agit pas ici d'une route ordinaire depuis longtemps tracée ou tout au moins indiquée par les relations et par les habitudes de deux villes voisines ; il s'agit d'un sentier inconnu, tout nouveau, hardiment trouvé dans des régions que jusqu'alors nul pied n'avait foulées. C'est ainsi que pour accomplir cette œuvre, des montagnes ont été tranchées et creusées, qui n'avaient jamais été franchies. Des ponts ont été jetés sur des torrents qui étaient sans nom. Vous vous trouvez de plain pied avec des plaines qui étaient jadis le versant ou le plateau d'une montagne. Toute cette nature jeune, verdoyante, nouvelle, nouvellement découverte par l'ingénieur, éclate et brille de toutes parts. A chaque instant la scène change ; vous passez d'un désert aride dans un vaste jardin dont le mur a été renversé, d'une forêt inculte à un pré fauché d'hier; vous traversez des villes qui vous tournent le dos, honteuses d'être surprises dans cette effrayante nudité; vous riez au nez des précipices, vous vous lavez les mains au-dessus des cascades : sous vos pieds broute la chèvre et elle lève la tête, étonnée de ce feu qui roule au-dessus du cytise en fleur. C'est un bouleversement continuel, infini, merveilleux. Ce qui était la montagne est devenu la plaine; la plaine a été exhaussée, le torrent s'est changé en fontaine et il désaltère la chaudière bouillonnante; du haut des pics les plus escarpés, la bergère qui file, sa quenouille à la main, est encore depuis cinq ans à s'expliquer ce prodige; des hommes tout noirs, réveillés dans les profondeurs du charbon, sortent de la mine, leur lampe à la main, et ils vous regardent stupéfaits, en montrant leurs dents blanches; ni le paysage ni les hommes de ces contrées ne sont encore revenus de leur étonnement des premiers jours; tels ils étaient il y a cinq ans et tels ils sont encore. Même, les animaux si faciles d'ordinaire à apprivoiser, ils ont gardé leur étonnement stupide ou sauvage ! Quand passe le convoi, la génisse inquiète appelle le berger à son aide; le coq s'enfuit oublieux de son harem ! Surtout les chevaux épouvantés ne peuvent pas comprendre encore que les chars aillent tout seuls quand ils vont sans chevaux et sans machines ! Oui, c'est là une scène pleine d'intérêt et de variété.

Et, chemin faisant, que de charmants petits vallons de deux pieds ! que de claires fontaines murmurantes ! que de vieux saules non pleureurs, mais au contraire vigoureux et goguenards ! que de cabanes rustiques élevées là par les hommes des anciens jours, les charbonniers primitifs, qui y sont entrés se croyant au bout du monde ! Chemin faisant aussi, entendez-vous la forge qui souffle ? voyez-vous le fer qui s'échappe des hauts fourneaux comme une avalanche enflammée ? Tout là-bas, la houille dans des flots de fumée se dépouille de son soufre. Plus loin, le souffleur souffle le verre. Le laminoir bruyant étend la fonte sous ses dents de fer. Partout la lime, la scie, le moulin, le bruit, le mouvement, la vapeur, la cheminée qu'on prendrait pour l'obélisque de Luxor, la fumée, la flamme, le charbon qui sort de terre !

Et dans toute cette fumée, de douces prairies; dans ce feu, de limpides ruisseaux; dans cette poussière, la plus éclatante verdure; sur ce volcan, des moissons naissantes; parmi le soufre, de blanches marguerites; c'est ici plus que jamais qu'il faut croire à cette union tant célébrée par les poëtes, l'union de Vulcain, le forgeron, et de Vénus, la blanche fille de la mer.

Je vous disais bien que la folle du logis m'allait reprendre; mais que voulez-vous? c'est un mal incurable. J'y consens, puisqu'il le faut, hélas! que toute cette belle, éclatante et transparente nature soit chargée d'une couche de poussière, mais à condition qu'on pourra débarrasser au besoin ce doux visage de cette houille, retrouver la blancheur et l'éclat velouté de cette joue sous l'ignoble poussière qui la recouvre. Que chacun prenne où il le peut son plaisir, son bonheur, sa joie, son rêve! Que l'ingénieur, ce nouveau conquérant d'un monde inconnu, frappe du pied la terre et s'écrie : — Heureuse terre, tu renfermes dans ton sein du plomb ou du cuivre, de l'or ou du fer! Peut-on m'empêcher de m'étendre sur la

prairie verdoyante, et de m'écrier à mon tour : —
Heureuse terre, toute chargée de blanches marguerites!
Voici deux voyageurs arrêtés sur le même ruisseau :
l'un tire une baïonnette de la fournaise, et il plonge
le fer homicide dans cette eau courante ; l'autre prend
de l'eau dans le creux de sa main, et il porte cette eau
limpide à ses lèvres avides. L'un trempe son arme
dans le Furens, l'autre boit les eaux du Lignon! Ils
ont raison l'un et l'autre : le Furens et le Lignon, le
fleuve homicide des fabricants d'armes et le ruisseau amoureux de l'Astrée, c'est le même fleuve!

II.

Deux jours plus tard nous disions adieu à Lyon et nous poursuivions notre route vers l'Italie, non plus par Genève et par le Simplon, comme nous en avions le projet, mais par la Savoie et le Mont-Cenis. Je ne sais pourquoi j'ai été heureux d'éviter Genève. Je n'ai jamais vu Genève, mais je me figure que c'est là une ville pédante, sans naïveté et sans grâce. Elle a abrité longtemps de terribles pédants et une grande pédante; elle vous expose, à propos de ses grands hommes, et plus que toute autre ville d'Europe, aux phrases toutes faites; elle a toutes sortes de prétentions philosophiques et littéraires; on y a envoyé dernièrement une grande statue de Jean-Jacques Rousseau presque nue; elle est remplie d'Anglais et d'Anglaises recouvertes d'un voile vert, comme on en rencontre partout sur le siége des voitures; d'ailleurs Genève est à quarante lieues plus loin de l'Italie; nous avons donc évité Genève, et toujours courant à toute bride, nous nous sommes précipités sur l'Italie ! L'Italie était loin encore. Il est bien vrai que nous avons rencontré une rivière qui s'appelle l'Isère et un pont étroit que coupe en deux une croix en fer, et qu'alors on nous a dit: *Vous quittez la France!* Mais, à ce moment, rien ne m'a dit dans mon cœur qu'en effet je quittais la France. J'ai passé une fois entre deux portes de bois, et l'on m'a dit aussi: *Vous quittez la France, vous voilà en Belgique!* mais je n'ai pu croire qu'en effet j'étais en Belgique, que lorsque j'ai vu les libraires belges dans leurs cavernes, que lorsque j'ai entendu les orateurs belges dans ce qu'ils appellent leur tribune nationale. Au delà du pont, moitié France et moitié Savoie, les douaniers ont été des plus polis du monde ; ils nous ont donné du feu pour allumer nos cigarres, cigarres de contrebande, pendant que trois vieilles femmes accroupies comme les sorcières de Macbeth nous ont envoyé des baisers du bout de leurs doigts ridés. Bientôt après, nous sommes entrés dans cette route admirable entreprise par Napoléon Bonaparte. Alors a commencé en moi une admiration que je ne saurais dire et que vous comprendrez mieux que personne, vous, Monsieur, qui savez combien jusqu'ici j'ai été obstinément et exclusivement attaché à la poursuite de ce faux art dramatique qui se fabrique chez nous depuis dix ans.

Figurez-vous donc mon émotion et mon enthousiasme quand nous avons traversé à pied, rafraîchis par la brise des montagnes, les échelles de Savoie. Pour la première fois de ma vie, j'avais devant moi ce vaste amphithéâtre qui se compose de plusieurs jardins suspendus, plus merveilleux que les jardins de Sémiramis. Loin de vous enfermer dans ses flancs arides, la montagne s'ouvre au contraire devant vous, et alors le regard se perd au loin dans mille vallées immenses et verdoyantes. C'est à la fois la solennité de la montagne et la gaieté de la plaine. La montagne n'est là que pour vous servir de piédestal, pour vous faire la voie facile, pour vous mieux montrer le calme univers qu'elle domine de sa bienveillante hauteur. Cependant, tout au bas du vallon, une douce et murmurante rivière coule doucement entre les arbres de son rivage, comme si elle voulait vous accompagner jusqu'aux dernières limites de son empire, en vous jetant son dernier adieu avec son dernier murmure.

Ainsi vous arrivez lentement, mais trop vite, à cette voûte immense qui domine l'échelon le plus élevé de la montagne et qui la traverse dans toute sa largeur. En fait de miracles de l'industrie, parlez-moi de celui-là ! Voilà enfin comment l'homme se doit mesurer avec la montagne et l'aborder de front, la tête haute, *os sublime,* et non pas en rampant sur le ventre, comme font les ingénieurs ordinaires. Que j'aurais voulu tenir à cet instant nos grands faiseurs de chemins de fer, pour les forcer à comparer cette voûte

hardie, sublime, à toutes leurs routes tant vantées!
Sous les voûtes du chemin de fer, l'homme s'engloutit en courbant la tête, la voûte l'écrase de son poids, de son eau fangeuse et de son mépris; elle l'absorbe, elle l'anéantit, elle le prive d'air et de lumière; elle le traite à peu près comme la baleine traite Jonas qu'elle avale d'un côté et qu'elle rejette, vous savez comment. Au contraire, la voûte de la Savoie est faite pour laisser passer des armées. Arrivez, qui que vous soyez, héros, enseignes déployées et vos enseignes passeront sous la voûte sans s'incliner. Sous cette voûte ont passé en même temps Napoléon et le soleil de la grande armée! Mais pourquoi donc irais-je comparer l'industrie à la gloire, la taupinière à l'arc de triomphe?

La nuit nous surprit à Chambéry. Dans de pareilles occasions, la nuit est souvent un bienfait. Elle jette un grand rideau noir sur l'éclatante nature à l'instant même où le regard ébloui et lassé n'a plus rien à apprendre. Chambéry, autant que j'ai pu en juger, ressemble tout à fait à une de nos sous-préfectures. On y bat le tambour à huit heures; au tambour se mêle le son du clairon ; la garde rentre dans sa caserne au son de la musique militaire ; les officiers, vieux et jeunes, se reposent à la porte des cafés de l'oisiveté de la journée; enfin le théâtre jouait ce soir-là *le Postillon de Lonjumeau:* vous voyez bien qu'il m'était impossible de me croire déjà en Italie.

Seulement, ce que nous n'aurions pas rencontré dans une sous-préfecture, c'est une troupe de capucins noirs, de véritables capucins en chair et en os, les pieds nus, le cordon autour de la ceinture, le gros chapelet au côté, précédés d'un grand Christ pâle et sanglant que portait un des leurs. Ils allaient, je crois, à la promenade. Leurs figures étaient calmes, bonnes et douces. Tout comme les soldats, ces bons pères faisaient innocemment leur petit exercice du soir.

Ce que nous sommes devenus plus tard, je l'ignore. Le sommeil, le rêve, la douce clarté de la lune, les jurements des postillons, le hennissement des chevaux, les périls mêmes de la nuit, car la nuit n'a pas été sans quelque péril par ces montagnes qu'il fallait gravir et descendre, et que nous descendions au galop ; tout cela m'apparaît bien confusément. Il me semble que j'ai vu glisser devant moi toutes sortes d'images fantastiques. Heureusement le jour est bientôt venu qui vous jette ses blanches clartés. Alors vous vous trouvez déjà très-enfoncé dans la montagne. Le vallon s'est resserré ; de chaque côté de la route s'est élevé un mur de granit, mais d'un granit chargé de verdure ; la calme rivière a fait place à de fougueux torrents. Vous êtes en plein dans la Savoie. Prenez bien garde de regarder de trop près les indigènes de ces montagnes, car c'est ici que commencent à se montrer les crétins et les goîtres, les gros cous sans forme et les grosses têtes sans idées, et aussi laids à voir ceux-ci que celles-là.

Quelquefois sur un roc escarpé, levez la tête ! c'est une citadelle bâtie par ces aigles qu'Esope envoie dans les airs pour demander de la chaux et du sable aux Lybiens. Cette citadelle, hélas ! c'est une horrible prison, autour de laquelle se déroule une ceinture de torrents et de pierres. Que la vie doit être affreuse entre ces rochers quand la neige et la glace les recouvrent, quand ce torrent devient immobile, quand nul bruit ne se fait entendre, pas même le cri des aigles sur ces hauteurs! O malheur! O quel triste passage pour aller en Italie ! Ces montagnes ont aussi leur Spielberg environné de silence, de terreurs et de neiges. Le Spielberg, les crétins et les goîtres de ce côté-ci de la voûte, c'est horrible ; certes l'autre côté de la voûte, calme, éclairé, libre, verdoyant et champêtre, valait bien mieux.

Toute cette partie de la route serait triste et maussade, si rien pouvait être triste et maussade dans un pareil voyage ; mais patience! Voici le mont Cenis! Ces orgueilleux sommets chargés de neiges éternelles, ces lacs immobiles, ces glaciers sur lesquels va se briser le soleil, comme la flèche d'un enfant contre l'armure d'Achille, cette masse inerte, immense, qui nous sépare de l'Italie ; eh bien ! tout à l'heure, nous allons les franchir. Adieu au printemps, adieu aux fleurs, adieu au ruisseau ; nous allons traverser cet inerte domaine de l'hiver. L'entrée dans ces montagnes est imposante et solennelle. Vous comprenez que vous n'êtes tout au plus sur ces monts sauvages qu'un oiseau de passage, et que nul mortel ne serait le bien-venu à dire : — *Seigneur, nous sommes bien ici; dressons-y, s'il vous plaît, trois tentes.* C'est en effet un pays maudit, c'est une terre sans entrailles, c'est un hiver impitoyable; en vain le gracieux printemps veut-il grimper de temps autre contre à ces rocs désolés, l'hiver, impitoyable vieillard, repousse du pied le joli enfant et le précipite dans ses abîmes de glaces. Plus vous montez et plus l'air est rare, le soleil terne, la terre dure, le roc triste, la neige épaisse, l'homme silencieux. De temps à autre les frêles cabanes, bâties pour servir de refuge au voyageur que surprend l'avalanche, se montrent à vous, toutes nues, c'est-à-dire dépouillées de leur linceul de neige ; et ainsi dépouillés, ces cadavres de cabanes n'en sont que plus affreux. Sur ces hauteurs désolées et désolantes, le postillon ne chante plus, le cheval ne hennit plus, le voyageur ne regarde plus : chacun accomplit sa tâche sans mot dire. Cependant vous montez toujours. La Savoie s'arrête à une certaine barrière, et vous voilà dans la Sardaigne, toujours dans les mêmes frimas, toujours dans les mêmes neiges profondes. Puis enfin, tout d'un coup, quand vous avez dépassé cette auberge sans fenêtres, ce couvent muet et fermé, ce lieu glacé, ce corps-de-garde placé là comme un enfant perdu de la gloire, soudain votre cœur se remet à battre, le sang vous revient à la joue, l'idée à la tête, le sourire à la lèvre, l'espérance à l'âme, — donc, triomphe! Vous échappez à la montagne, — triomphe! Vous échappez à l'hiver, — triomphe! Vous êtes libre, — triomphe! Vous êtes presque Italien. Allons vite, allons vite, nous nous précipitons dans la plaine, la plaine *est le bon pays*, comme disent les montagnards, quittons la montagne; l'homme est trop petit dans la montagne, l'homme a froid, l'homme a peur. Ceux qui s'étonnent qu'il y ait tant de crétins aux pieds des hautes montagnes devraient s'étonner au contraire qu'il y en ait si peu Eh! que voulez-vous donc que pense de lui-même un pauvre petit embyron de cinq pieds jeté au pied de cet immense bloc de neige et de glace, le mont Cenis?

— Ainsi nous descendions avec la rapidité du torrent, et bientôt, à chaque pas, c'était une sensation nouvelle. Le blanc nuage qui flotte à vos pieds n'est-il pas habité par les âmes errantes des soldats d'Austerlitz? Une cascade écumante, le chant d'un oiseau, l'éclat d'une fleur, la feuille d'un arbre, la verdure d'un pré, un petit air tiède et doux qui est déjà un zéphyr italien; — c'en est fait, voilà l'Italie! des enfants vous présentent des violettes, pâles comme les violettes des Alpes, mais enfin des violettes; et tout là-bas entendez-vous les cloches qui tintent; entendez-vous ces doux murmures; voyez-vous ce quelque chose éclatant et animé, qui *poudroie et qui flamboie?* Ce quelque chose, jetez votre bonnet en l'air : c'est l'Italie! c'est l'Italie! *Italiam! Italiam!*

Moi, je vous écris toutes ces choses de Turin, non loin de Rivoli (la plaine est chargée de moissons!), sans trop savoir comment je suis à Turin. Je vous écris dans un riche salon du dix-septième siècle, tout en face le palais du roi, aux sons belliqueux de deux formidables musiques militaires, qui se croisent et se mêlent sans se confondre; aux sons du tambour, aux mélodies argentines de l'*Angelus*.

III.

TURIN. — GÊNES.

Florence, 10 juin 1838.

Nous étions donc à Turin l'autre jour, et mon premier soin était de vous raconter les premiers enchantements de notre voyage. Quand je vous écrivais ces lignes toutes remplies de cet heureux enthousiasme qui ressemble si fort aux passions de la première jeunesse, je n'avais pas vu l'Italie encore, mais je la pressentais déjà ; déjà le printemps italien m'avait dit de sa douce haleine : *Me voila !* Déjà j'entendais murmurer tout bas à mon oreille les premières mélodies de cette langue, plus remplie de passions que d'idées, plutôt chantée que parlée ; — poëme sans fin où toutes les émotions du cœur et des sens jouent leur rôle. Ma lettre écrite, je me souvins que j'étais à Turin et je sortis à l'instant même de notre hôtel. C'était l'heure de la promenade, la place du Palais, c'est-à-dire la ville, était déserte ; tous ces heureux oisifs, pour se reposer du *far niente* de la journée, s'étaient donné rendez-vous sur les remparts. Autrefois les remparts de Turin ont été formidables, on les a sagement convertis en jardins publics. Ces remparts entouraient la porte de la ville ; cette porte était flanquée de deux tours menaçantes ; et la porte et les deux tours sont maintenant un musée. Vu d'un peu loin, on prendrait Turin pour le plan en relief du Versailles de Louis XIV, du Versailles dépeuplé et silencieux. Le château est vaste, immobile. La place qui l'entoure est immense, elle est entourée de hautes maisons imposantes et d'avenues à la voûte fatiguée, comme sont les arcades de la place Royale. On comprend qu'une certaine royauté confuse et mal définie a passé à la hâte dans cette ville, dont elle habite encore quelque recoin. Mais pourtant, que ce palais est grand pour une pareille cour! que cette cour est petite pour ce vaste palais!

Dans cette avenue de remparts, en parlant tout bas, à la façon d'honnêtes gens qui n'ont rien à se dire, se promènent tous les personnages importants de cette capitale. Turin possède en effet, au grand complet, tout ce qui compose l'apparat de la royauté : un corps diplomatique nombreux, des ministres autant qu'en France et beaucoup plus de chambellans. Turin possède une armée au grand complet, et à cette armée rien ne manque, ni le général en chef, ni les officiers-généraux, ni les sapeurs, ni les grenadiers, ni les voltigeurs, ni les lanciers, ni les aides-de-camp, ni les porte-drapeaux, ni les canonniers, ni les canons, ni les tambours : il est impossible d'avoir une plus grande armée sur une plus petite échelle. L'église n'est pas moins bien partagée que l'armée, à moins de posséder un pape, rien ne manque à cette église : archevêques, évêques, cardinaux, moines blancs, moines gris, moines noirs, moines chaussés et non chaussés, têtes mitrées, têtes tonsurées, têtes d'enfants, têtes de vieillards, têtes de religieuses. Que vous dirai-je? la cour de Turin n'est pas moins bien organisée que l'armée et l'église, ces deux sœurs jumelles. Cette cour est au grand complet; il est impossible d'être plus majestueusement puéril. Faites place! voici les gardes-du-corps, voici les chambellans, voici les maîtres des cérémonies, voici les introducteurs des ambassades, voici tous les hauts dignitaires de cette cour qui possède même des pages, oui, des pages! sans compter des dames d'honneur, des dames d'atours, des dames pour accompagner. Tout ce beau monde de diplomates, de guerriers, d'ecclésiastiques, de courtisans et de grandes dames parcourt incessamment ces allées naissantes et dans toutes sortes de costumes. Il s'en faut, et je le dis à la louange de ces courtisans, que leur magnificence extérieure réponde à la magnificence des titres et des charges qu'ils supportent; on m'a montré les représentants des plus grandes puissances en simples chapeaux de paille; plus d'un lieutenant-général, tout brodé en or, donnait familièrement le bras à d'honnêtes bourgeoises fort éveillées ; on comprend que ces gens d'esprit et de bon goût s'estiment heureux de relever ainsi, par la simplicité de leurs manières, la pompe quelque peu affectée de leurs titres et de leurs fonctions. Ils consentent à jouer tant qu'ils peuvent au jeu des diplomates et des courtisans, mais ils ne veulent pas jouer à ce jeu-là d'une façon trop sérieuse ; au contraire, ils en rient eux-mêmes tout les premiers pour que personne ne songe à en rire derrière eux. C'est là sans doute une aimable façon de se faire pardonner un peu trop de bruit, de mouvement et d'éclat. *Genus ardelionum*, comme dit Phèdre, *multa agendo nihil agens;* mais quelle race d'oisifs plus remplie de grâce, d'urbanité, de politesse et d'esprit ?

Tout d'un coup, à une certaine heure, toute cette belle foule disparaît, comme si elle obéissait à un rappel du tambour. Pourtant c'est la plus belle de la promenade ; mais c'est une croyance de l'endroit, et en général une croyance italienne, que la neuvième heure du soir est malsaine. En Italie on a peur de la rosée du soir comme on aurait peur de la peste. A neuf heures donc tous les grands personnages de Turin se retirent en toute hâte; chacun rentre non pas chez soi, mais chez les autres : c'est l'heure de l'hospitalité universelle; toute maison vous est ouverte pour que vous y entriez sans façon et sans vous faire annoncer. Cette fois encore, mieux encore que durant le jour, vous comprenez comment le peuple manque à la ville, l'habitant à la maison, la causerie au salon; comment le valet lui-même manque à l'antichambre. Ces grandes maisons semblent supplier l'homme qui passe de franchir leur seuil chargé d'ennui. Vous traversez ces longues cours éclairées seulement par la lune, quand la lune se montre; vous montez ces larges escaliers tout nus, vous parcourez de longues antichambres désertes, vous entrez enfin dans un vaste salon à peine éclairé par une lampe, et vous voilà dans la meilleure société de la ville. Alors, s'il se peut, la conversation commence; non pas ce murmure galant de la promenade, mais une conversation qui ne demande pas mieux que d'être politique et littéraire, et qui n'est ni l'un ni l'autre. Que voulez-vous que se disent en effet les habitants d'une ville si voisine de tous les lieux où se fatiguent les idées, et qui ne savent rien de ces idées qui s'enfantent autour d'eux? une ville si voisine de la constitution, de la presse, de la tribune, de la liberté de tout dire, et qui volontiers et sans trop demander pourquoi ferme ses portes à toutes ces nouveautés qui s'enfantent sous ses yeux, trop heureuse de répéter demain les mêmes paroles qu'elle aura dites la veille? Cette ville de Turin est mieux réglée par l'habitude que si elle l'était par le devoir; ce n'est pas, à proprement dire, une ville, c'est une cour : — on devait vivre et causer ainsi dans la ville de Versailles, quand Versailles tout entier n'était que la demeure du roi! Pour un étranger arrivé de la veille et encore tout préoccupé des violences, des clameurs, des cruautés, des injustices, des accusations, que chaque jour amène chez nous comme un second pain quotidien, contre tout ce qui tient au pouvoir de loin ou de près, cette conversation des salons de Turin n'est pas sans charme ; on devine qu'on est tombé dans une atmosphère, sinon meilleure et plus vraie, du moins plus bienveillante et plus polie. Ce ne sont en effet que des discours remplis d'éloquence, de politesse, d'urbanité, de respects pour toutes sortes de choses et de personnes, que nous autres, les parvenus grossiers de 89, nous ne sommes plus guère habitués à respecter; on parle du roi avec respect; on parle de la reine avec amour; on parle du prince royal avec intérêt; on parle des femmes et même de leurs faiblesses avec toutes sortes d'urbanités; on parle de promotions, de croix, de dignités, d'intrigues de cour, — toutes choses dont vous n'entendez jamais parler en France nulle part. Cependant vous coudoyez, sans le savoir, les plus grands dignitaires de la couronne, l'échanson, le chambellan, le premier gentilhomme, le capitaine des gardes, le grand-écuyer, l'aumônier, le confesseur; tous ces titres sonores, à l'usage des vieux trônes, bourdonnent incessamment à votre oreille, langue oubliée du vieux Versailles. En même temps l'étiquette royale est en jeu comme chez nous la politique; on disserte longuement sur les préséances, les présentations, les priviléges. Depuis tantôt six mois toute la ville est partagée sur la grande question des barbes, non pas de la barbe jeune-france ou de la barbe de bouc, barbes toutes politiques, quand elles n'appartiennent pas aux beaux-arts, mais sur les barbes des bonnets que portent les femmes à la cour; et de quelle longueur doivent être ces barbes, et de quelle couleur, et de quelle largeur? En principe, il est bien arrêté qu'il n'y a au monde que S. M. la reine et les princes du sang royal qui ont le droit de porter les barbes blanches; et en preuve, c'est qu'un ambassadeur étranger a été rappelé, et de très-loin, pour avoir permis à sa femme de porter une barbe blanche, et que notre ambassadeur lui-même a reçu une vive semonce de sa cour, toujours à propos de ces maudites barbes. Telle est la grande préoccupation de cette heureuse ville; gens heureux, en effet, qui ont porté à ces graves détails toute l'activité politique de leur esprit!

Pensez-vous comme moi? Moi je trouve que ceci est, de la part du gouvernement savoyard, une preuve d'esprit, d'habileté et de bon goût. Le gouvernement de Turin a trouvé en ceci un excellent débouché à l'activité nonchalante de ses faciles gouvernés. Ces gouvernés, en leur qualité d'anciens Italiens, veulent le bruit, l'éclat, le mouvement; on leur en donne tant qu'ils en veulent, et à très-peu de frais. De tous ces divertissements qui remplacent nos libertés si disputées, nos conversations si terribles, et cette double tribune du salon et du journal, sans compter les deux autres tribunes de la chambre des députés et de la chambre des pairs, le divertissement le plus cher à ces hommes heureux, c'est de passer en revue leur innocente armée.

Ce qui coûte le plus, c'est l'armée ; mais aussi cette armée est un si bon prétexte pour faire à toute heure du bruit dans la ville ! Dès le matin, le tambour se réveille en battant de toutes ses baguettes, comme si la ville allait être prise d'assaut. Plus tard, les formidables musiques militaires se livrent à des marches et à des contre-marches sans nombre sur la place du Château, qui est alors une véritable place d'armes. A entendre le terrible bourdonnement des ophicléides, des trompettes, des clairons, des fifres, des grosses caisses et des tambours, vous diriez tout simplement la musique qui précède la grande armée ; ce n'est rien moins que la musique de la garde montante qui va donner une sérénade à la musique de la garde descendante ; une vingtaine de soldats suivent pour la forme ces deux cents musiciens : la forme emporte le fond cette fois, mais nul ne s'en plaint, car cette musique militaire est excellente. Une heure plus tard, le tambour bat la prière; cette prière dure une minute, mais c'est un bon prétexte pour battre le tambour. Une heure plus tard le tambour bat la *retraite*. Quoi ! la retraite en plein midi? Oui, la retraite en plein midi ! C'est l'usage; il est vrai que chacun reste à son poste quand on bat cette retraite, mais c'est toujours un exercice pour le tambour. Tout ce bruit guerrier donne à la ville un mouvement inoccupé qui a bien son charme. Cependant, au milieu de cette agitation à vide, circule incessamment le jeune duc de Savoie qui va passer une revue ; la garde crie : Aux armes ! pour le duc de Savoie; ou la garde crie : Aux armes! pour le roi et pour la reine; ou bien ce sont les jeunes cadets de l'école militaire qui se croisent avec les jeunes cadets du séminaire; les uns et les autres ils marchent au pas de charge; et je vous prie, par tout ce bruit guerrier qui se fait dans la ville, le moyen de marcher autrement?

Turin est une ville minutieusement bâtie et d'une

régularité sans exemple. Chaque rue correspond nécessairement à une autre rue, et c'est un deuil public quand par hasard quelque accident vient à déranger cette symétrie. Chose incroyable ! dans cette ville si peu remplie, on construit cependant des maisons nouvelles. La ville est abritée par de hautes collines chargées de maisons de campagne, car on joue aussi au jeu d'aller à la campagne. Le Pô la traverse lentement ; les rues sont baignées à toute heure par l'eau courante. Du reste, et c'est l'un des avantages de cette aimable ville, elle renferme très-peu de curiosités curieuses : peu de tableaux, peu d'antiquités, pas une ruine ; pour tout musée, une collection d'antiquités égyptiennes, cet horrible caprice hideux et sans forme à l'usage de trois ou quatre savants en Europe. Ce qu'il y a de plus curieux à Turin, et ce que personne ne va voir, c'est l'église obscure et surchargée d'ornements de mauvais goût, dans laquelle autrefois le jeune néophyte de madame de Warens vint changer de religion pour quelque monnaie que lui jetèrent les catholiques de Turin. « Tout cela fait, « au moment où je pensais être enfin placé selon

« mes espérances, on me mit à la porte avec un peu
« plus de vingt francs en petite monnaie qu'avait
« produit ma quête, on me recommanda de vivre
« en bon chrétien, d'être fidèle à la grâce; on me
« souhaita bonne fortune, on ferma la porte sur moi
« et tout disparut. » (*Les Confessions*, livre II.)

Et moi, arrêté là, devant la porte de cette église, je me figurai le voir encore, le jeune catéchumène, libre enfin après ces deux mois de captivité avec ces affreux Africains, Juifs et Maures, ces *grandes salopes* et ces *vilaines courcuses* qui devaient recevoir comme lui les eaux du baptême. Or, savez-vous ce que fit tout d'abord ce nouveau chrétien ? Il fit tout à fait ce que nous faisions tout à l'heure. « J'allai voir monter la
« garde; les instruments militaires me plaisaient beau-
« coup. Je suivis des processions; j'aimais le faux-
« bourdon des prêtres ! » Mais, s'il vous plaît, bonnes gens qui passez, me direz-vous où donc se tenait madame Basile, *cette jeune marchande de si bonne grâce et d'un air si attirant,* à qui Jean-Jacques vint raconter sa petite histoire ? Où est-elle la maison de cette coquette, modeste et timide Italienne, pour que je m'y rende en

pèlerinage? Ville ingrate, Turin, qui n'a pas conservé le souvenir de cette jolie brune d'une vivacité à la fois si piquante et si touchante! Où donc est-elle? Vous rappelez-vous les fleurs de sa robe, le bout de son pied, l'intervalle de ce bras ferme et blanc qui paraissait entre son gant et sa manchette, et l'intervalle cent fois plus dangereux qui se faisait quelquefois entre son tour de gorge et son mouchoir? Oui, certes, je donnerais le palais du roi, les boulevards, toutes ces églises, pour m'asseoir seulement une heure dans la petite chambre de madame Basile :

« Un jour, dans l'après-midi, qu'ennuyée des sots
« colloques des commis, elle était montée dans sa
« chambre, je me hâtai, dans l'arrière-boutique
« où j'étais, d'achever ma petite tâche, et je la
« suivis. Sa chambre était entr'ouverte; j'y entrai
« sans être aperçu. Elle brodait près d'une fenêtre
« ayant en face le côté de la chambre opposé à la porte.
« Elle ne pouvait me voir entrer ni m'entendre, à
« cause du bruit que des chariots faisaient dans la rue.
« Elle se mettait toujours bien : ce jour-là, sa parure
« approchait de la coquetterie. Son attitude était gra-

« cieuse ; sa tête un peu baissée laissait voir la blan-
« cheur de son cou ; ses cheveux relevés avec élégance
« étaient ornés de fleurs. Il régnait dans toute sa figure
« un charme que j'eus le temps de considérer, ce qui
« me mit hors de moi. Je me jetai à genoux à l'entrée
« de la chambre en tendant les bras vers elle d'un
« mouvement passionné, bien sûr qu'elle ne pouvait
« m'entendre, et ne pensant pas qu'elle pût me voir;
« mais il y avait à la cheminée une glace qui me trahit.
« Je ne sais quel effet ce transport fit sur elle ; elle ne
« me regarda point et ne me parla point, mais tournant
« à demi la tête, d'un simple mouvement de doigt elle
« me montra la natte à ses pieds. Tressaillir, pousser
« un cri, m'élancer à la place qu'elle m'avait marquée,
« ne fut pour moi qu'une même chose ; mais ce qu'on
« aurait peine à croire est que, dans cet état, je n'o-
« sai rien entreprendre au-delà, ni dire un seul mot, ni
« lever les yeux sur elle, ni la toucher même dans une
« attitude aussi enivrante pour m'appuyer un instant
« sur ses genoux. J'étais muet, immobile, mais non
« pas tranquille assurément ; tout marquait en moi
« l'agitation, la joie, la reconnaissance, les ardents

« désirs ; incertains dans leur objet et contenus par la
« frayeur de déplaire. Et ainsi mon jeune cœur ne
« pouvait se rassurer ! »

Oui, je donnerais toute la ville de Turin pour cette chambre où s'est passé ce petit drame entre ce jeune homme et cette aimable femme dont le souvenir est resté dans nos âmes gravé en traits si charmants. Mais hélas ! qui se souvient de cet enfant dans cette ville où Rousseau a passé ? qui se souvient qu'il a porté la livrée dans cette ville, lui, l'auteur de *l'Émile ?* mais ces gens-là ne savent pas plus se souvenir qu'ils ne savaient prévoir.

Qui leur eût dit que ce pauvre et jeune renégat, auquel ils faisaient cette aumône intéressée, écrirait un jour la profession de foi du *Vicaire savoyard*, et qu'il écraserait, ce rude jouteur, sous un syllogisme impitoyable, monseigneur l'archevêque de Paris !

Maintenant quittons Turin, puisque heureusement on peut tout voir d'un coup d'œil ; traversons lentement ces riches campagnes si admirablement cultivées, ces beaux villages bien peuplés ; Chiesi, dont Pline parle avec éloge ; Asti, une blanche maison entourée de vieilles murailles, et ce qui vaut mieux, entourée d'excellents vignobles ; Alexandrie, place forte où l'on entre par un pont couvert ; Marengo, la plaine célèbre : sur ce champ de bataille, la gloire naissante de Bonaparte sembla hésiter, on eût dit qu'elle avait peur du chemin à parcourir ; mais enfin le génie de l'homme l'emporta, et ils allèrent en avant, lui et sa gloire. Plus loin, voici Novi, où mourut Joubert, et enfin voyez-vous reluire au soleil cette immense nappe d'argent toute bleue comme le ciel ? distinguez-vous déjà cet entassement de palais de marbre ? Voilà Gênes, voilà enfin une ville italienne ; je vous trompais tout à l'heure, nous n'étions pas encore en Italie ; Turin n'est que l'antichambre de l'Italie !

Sans contredit, de toutes les villes que baigne la mer italienne, Gênes est la plus belle. Elle s'appuie fièrement sur les monts Apennins ; à ses pieds de marbre frémit doucement la mer de Ligurie, cette belle mer traversée par toute l'antiquité classique dans des appareils si divers et pour des causes si différentes. Le port est abrité par deux montagnes construites par la main des hommes ; il est rempli de navires de tout genre. A l'instant même où nous prenions possession de la ville, entrait à pleines voiles un superbe vaisseau anglais salué par le canon génois, et qui rendait à la ville salut pour salut, coup de canon pour coup de canon. Quant à la ville... Mais ce n'est pas de l'endroit où nous sommes qu'il faut la voir; nous la verrons demain, s'il vous plaît, du haut du pont de la frégate anglaise qui se repose fièrement dans ces eaux auxquelles elle semble commander.

Celui qui n'a pas vu cet amas de palais qu'on appelle la ville de Gênes ne saurait y croire. Pendant deux jours, j'ai parcouru dans tous les sens cette cité superbe dont le cœur ne bat plus, dont la tête est froide, mais cependant cité encore agissante et vivante, même avec ce cœur froid et cette tête tranchée, tant il y avait de vie et de force dans ces entrailles de marbre ! Ce sont là, à vrai dire, deux villes dans une seule enceinte, la vie et la mort côte à côte. Au pied de la ville, au bord de la mer, dans le port, vous retrouvez l'activité, le mouvement, le bruit, la foule, en un mot la vie telle que se comporte la vie des nations italiennes, ruines habitées, occupées, commerçantes et intelligentes ; mais montez plus haut, parcourez ces rues dont la dalle large et sonore retentit sous vos pas, pénétrez sous ces portiques ouverts à tous les vents, entrez dans ces palais splendides que le silence habite, jetez les yeux sur les tentures de ces salons dépeuplés, qui flottent au vent comme des tentures funèbres; levez la tête, et contemplez ces voûtes solennelles, dont l'écho ne chantait que des vers d'amour; appuyez-vous contre ces hautes fenêtres qui ont prêté leur clarté nocturne à tant de beautés à jamais évanouies, qui ont entendu tant de sérénades perdues dans les airs; écoutez tout ce silence, parcourez cette solitude, recherchez avec soin dans ce désert tous les vestiges de ces grandeurs anéanties, et dites-vous à vous-même, si Jérémie n'est pas resté au-dessous de son sujet, quand il a pleuré, avec quelle énergie et quelle pitié ! sur ces villes de l'Orient qui allaient mourir.

Gênes, ce morceau de terre que vous voyez là, si paré et si triste, honteux et chargé de tant de chefs-d'œuvre, quelles fortunes diverses il a subies ! Les Romains y sont venus à leur tour comme ils ont été par tout le monde, apportant avec la conquête la civilisation et l'obéissance ; les empereurs d'Orient en ont été les maîtres ; puis sont arrivés, comme l'orage, les barbares qui brûlaient tout ; puis est venu Charlemagne, ce barbare qui reconstruisait toutes choses ; puis sont accourus les Maures, ces barbares qui polissaient toutes choses ; sur ce coin de terre se sont battus jusqu'aux morsures les Guelphes et les Gibelins ; là les héros de Florence envoyèrent à Gênes un échantillon de leurs guerres civiles ; puis les Pisans et les Vénitiens voulurent ce port ouvert à leur fortune, et ils se le disputèrent, les Vénitiens comme des marchands, les Pisans comme des gentilshommes ; puis la France se porta au secours de cette ville déchirée par les partis ; puis vint Doria qui en fit une république. Cependant il y eut un jour mémorable dans l'histoire de cette ville et du monde entier, où un homme sans nom et sans crédit, pauvre Génois inconnu et méprisé, fils de cette république, qui le devait revendiquer comme son plus beau titre de gloire, partit et revint avec un monde de plus, qu'il avait découvert. Singulier et intelligent petit coin de terre où se mêlent sans se confondre les noms de Louis XII, de Christophe Colomb et de Doria !

Parcourez donc, s'il se peut, une pareille ville sans émotions, sans pitié et sans respect! Gênes a été bâtie comme le Capitole, pour l'éternité. Du temps qu'elle obéissait à ses doges, il fallait bien que la république les abritât dignement ces monarques d'un jour, si bien qu'il y eut dans cette étroite enceinte autant de palais dignes des rois qu'il y eut de doges. Ces marchands aimaient les beaux-arts en gentilshommes, et ils les payaient comme des rois. C'est ainsi que les plus grands artistes de ce seizième siècle italien, qui est peut-être l'honneur de l'esprit humain, accoururent à Gênes, se disant les uns aux autres qu'il y avait sur les bords de cette mer, chère aux poëtes, un peuple d'Athéniens enrichis qui se bâtissaient une ville de marbre et d'or. A cette nouvelle, les plus grands peintres, les plus grands statuaires, surtout les plus grands architectes du monde, se dérangèrent de leur œuvre commencée pour venir embellir cette rivale de Venise, cette Venise de la terre ferme, plus libre que Venise et non moins belle, gouvernée par des marchands riches, par des marchands sortis du peuple; la Venise sans espions, sans délateurs, sans bourreaux, sans prisons d'état, sans courtisanes; la Venise honnête, innocente, occupée, libérale, chargée d'ombrages, entourée d'orangers et de fleurs.

Et non-seulement l'art italien est venu sur cette plage prodiguer ses adorables merveilles, mais la France, mais l'Orient, mais les Indes, mais l'Espagne, mais le Nouveau-Monde, ont été mis à contribution pour fonder, pour bâtir, pour orner, pour meubler ces demeures royales. Et d'abord voulez-vous que nous commencions, dans cette ville de palais, par visiter les palais à l'usage de tous? Je le veux bien; mais en vérité ils méritent à peine cette préférence. Pourtant quelle merveille le palais ducal, par exemple, tout ruiné, tout insulté, tout gaspillé que l'ont fait les révolutions, implacables, violentes et stupides, partout et toujours! Vous montez au palais ducal par un magnifique escalier de marbre, vous laissez à votre droite le piédestal où s'élevait la statue de Doria, brisée lâchement par l'émeute. Un immense vestibule que soutiennent quatre-vingts colonnes, aussi en marbre, vous conduit à un autre grand escalier qui se divise en deux escaliers immenses, et ainsi vous entrez dans les salles du Conseil; et dans la grande salle du Conseil, sous ces voûtes hardies qui se tiennent d'elles-mêmes, à travers cette suite admirable de colonnes et de pilastres, dans ces niches creusées dans le mur, se tient debout tout un peuple de sévères statues. Est-ce bien une illusion? On dirait que le manteau de ces statues est agité par le vent; on dirait que ces linceuls ont été lavés de la veille! Quel est donc ce marbre animé et flottant que le vent drape avec toutes sortes de caprices autour de ces héros? Rien n'est plus vrai cependant. Ces statues toutes vêtues, tout armées, qui représentaient les grands hommes de la république, les législateurs, les poëtes, les artistes, les soldats, le peuple les a brisées dans un de ces instants de colère furieuse (*delirium tremens*), qui pousse les peuples à tout briser sur leur passage. Juvénal l'a très-bien dit quelque part : *On écrase avec rage ce qu'on a doré avec crainte*[1]. Il y a des heures de maladie mentale pour les peuples comme pour les particuliers; et alors malheur à toutes les gloires, à toutes les vertus, à tous les siècles, à

, . . . Nam cupide conculcatur nimis ante metutum.

toutes les croyances, à toutes les grandeurs qui se trouvent sous les mains de ces furieux ! Ainsi a fait le peuple de Gênes ; il a brisé les images de ses grands hommes ; il les a, tant qu'il a pu, insultées, défigurées, mutilées ; il a brisé le casque et la cuirasse, il a déchiré le toge et l'hermine, il a cassé le bâton et l'épée, il a effacé l'armoirie et le nom propre, il a dépouillé les images sacrées de leurs insignes souverains, il les a mises à nu, sans respect, sans pitié, sans penser qu'il dépouillait l'histoire de tout ce qui la fait sainte, majestueuse, vénérable. — Peuple insensé ! Peuple ingrat ! Mais ses colères sont vaines ! sa fureur ne fait que briser ; elle ne saurait rien anéantir, surtout la gloire. Telle est la puissance de l'homme, que ce qu'il a fait lui-même, il ne saurait le défaire. Il n'a que la puissance de créer, il ne peut rien détruire. Voici un temple qu'il renverse, il croit renverser un temple, il crée une ruine ! Il veut chasser l'histoire, il fonde la poésie. C'est ainsi qu'à peine brisées, ces vénérables images des Génois illustres ont été rétablies sur-le-champ ; ces statues assassinées la veille sont remontées le lendemain sur leurs bases, comme fait la statue du commandeur sur sa tombe. Seulement, comme le sanctuaire n'était plus là pour leur rendre une troisième fois la vie, à ces grands hommes assassinés, une main pieuse et intelligente a recueilli la poussière de ces poussières; l'argile sans forme a remplacé le marbre taillé par le génie; sur cet argile on a jeté des manteaux funèbres; ces têtes coupées ont été replacées au-dessus de ces effigies trompeuses. Ainsi chaque héros a été représenté de nouveau par un peu d'argile habilement drapée. Pourtant, à les voir réunis encore une fois dans cette chambre du Conseil, qu'ils ont habitée, l'imagination est la même; le respect ne s'est pas envolé comme la poussière de ces marbres brisés. Et, après tout, qu'importe que cette argile soit plus ou moins façonnée? Ce n'est pas la représentation de l'homme qui fait la statue vénérable; c'est le nom de cet homme. Voilà pourquoi cette salle du Conseil n'a rien perdu à être ainsi profanée; j'aime autant ces fantômes de statues que les statues véritables, qui, de leur vivant, n'étaient elles-mêmes que les fantômes des héros d'autrefois !

Il y a bien parmi toutes ces reliques des temps passés

quelques vieux restes qui ont peu de sens : — le fragment d'une barque carthaginoise; — les pierres d'un château vénitien apportées de Constantinople par les Génois; — une chaîne prise aux Pisans; — une table en bronze qui n'est que la signification d'un jugement des consuls romains en faveur de Gênes; — toutes sortes de petites vanités. Ces villes italiennes sont gueuses et fières; ne pouvant plus être riches ni glorieuses, elles veulent être nobles; elles tiennent avant tout à prouver que leur origine est ancienne, et elles entassent à cet effet toutes sortes de chiffons de bronze, de marbre ou de papier.

Après le palais ducal, cette demeure de la toute-puissance évanouie des Génois, il faut visiter l'*Hôtellerie des Pauvres*, qui est beaucoup plus riche même que le palais ducal. Trois grands architectes ont élevé cette maison, d'un luxe incroyable. Là repose, entre les bras de la sainte Vierge, un beau Christ de Michel-Ange, marbre admirable ! Le maître-autel est tout entier de la façon de Pierre Pujet, notre Michel-Ange; la sainte Vierge, qui tout à l'heure soutenait le Christ, est maintenant soutenue à son tour par des anges qui l'emportent au ciel. Quels beaux enfants portés sur leurs ailes légères ! Quelle vierge sainte, belle, calme, sévère ! Que de grâce et de force à la fois dans ce groupe heureux qui s'envole dans le ciel, emportant la mère du Sauveur, cet ange sans ailes ! Ce Pierre Pujet est à coup sûr le plus grand artiste qu'ait produit la France. Ses œuvres remplissent la ville de Gênes. Il faut que les Génois, avec un instinct merveilleux qui a manqué à Louis XIV, aient deviné des premiers leur noble voisin, le statuaire de Marseille, car ils possèdent chez eux plus de chefs-d'œuvre de Pujet que le palais de Versailles. Comparez donc, si vous l'osez, ces beaux anges du Pujet à ces gros joufflus des deux sexes, et qui ne sont d'aucun sexe (dans l'église de Saint-Laurent), que Canova appelle aussi des anges !

Dans cette maison, ou plutôt dans ce palais des pauvres, tout est silence, fraîcheur, grâce, beauté, repos, murmure. Sur cette belle chapelle, si remplie de merveilles, s'ouvrent les dortoirs de ces heureux pauvres qui sont véritablement les maîtres souverains de toutes ces richesses. Les indigents qui ne sont pas admis dans le sanctuaire reçoivent à la porte les vêtements de l'hiver, les aliments de chaque jour : véritable bienfaisance italienne, imprévoyante et sans bornes ! aumône plus funeste qu'elle n'est utile ! pépinière chrétienne de mendiants et de philanthropes, deux fléaux qui se tiennent et qui se font valoir l'un l'autre ! Dans un gouvernement bien constitué, on devrait encourager très-peu ces hommes charitables sans discernement, qui se font une occupation de nourrir tous les oisifs qui leur tendent la main. De pareils hommes sont plus dangereux cent fois, dans une société qui veut vivre, que les hommes qui se vouent à l'ambition et à la gloire. Parlez-moi de l'ambition pour servir utilement les intérêts d'un peuple ! L'ambitieux jette autour de lui toutes sortes d'idées nouvelles, toutes sortes de passions utiles; il est actif, il est patient; il est laborieux, il est intelligent, il devine toutes les intelligences qui le peuvent servir ; il élève ses enfants avec une attention scrupuleuse, car il sait très-bien que cette carrière de l'ambition est pleine de périls à éviter, de dangers à prévoir. L'ambitieux est le roi de l'avenir; l'homme bienfaisant, au contraire il exerce pour son propre bien-être la vertu la plus facile de toutes et la plus insignifiante, la charité; il sème son aumône au hasard pour récolter des mendiants; il ôte à la vie humaine la prévoyance et le travail, ses deux pivots éternels; il se repose dans cette facile vertu qui consiste à donner le reste de son pain à ceux qui n'en veulent pas gagner; il ne sait rien prévoir, il ne sait rien vouloir; il élève ses enfants à faire comme leur père, à donner, sans choisir, le superflu embarrassant de leur fortune; autour de cet homme, l'industrie languit, l'homme laborieux se décourage, car il comprend qu'il est une dupe de travailler au milieu de tant de gens qui vivent sans travail. Un gouvernement sage et qui veut marcher en avant doit se méfier bien plus encore de la charité que de l'ambition. Mais voilà ce que les Italiens ne comprendront jamais. Faire l'aumône comme ils l'entendent est un métier de paresseux; être ambitieux comme il faut l'être serait pour eux un travail de héros, les colonnes d'Hercule à franchir!

Vous pensez que si les pauvres sont logés ainsi

dans le marbre et dans l'or, ni le marbre, ni l'or, ni les peintures précieuses ne manqueront à l'église ; et en effet, de toutes parts dans les églises de Gênes vous retrouverez la même profusion admirable. Je les ai parcourues presque toutes ; et dans ces temples si bien tenus, sur ces dalles chargées d'armoiries, en présence de ces chefs-d'œuvre de tous les arts, dans cette atmosphère si douce, embaumée par les fleurs, sous les voûtes rehaussées d'or, éclatantes de fioritures, d'où la lumière jaillit colorée par les vitraux gothiques, au pied de ces autels de marbre où l'encens et le cierge brûlent en tout temps et qui ne sont jamais sans prières, j'ai compris pour la première fois cette admiration de toutes les heures, cette prière de tous les instants qui est, à tout prendre, la plus sincère, la plus vive passion, la passion indestructible de l'Italie.

Je sais que l'admiration fatigue, mais qu'y faire ? Le moyen que je ne vous dise pas non plus tout mon enthousiasme ? Et quand on me dit : Mais, prenez garde ! modérez-vous ; que ferez-vous pour Saint-Pierre de Rome ? Je l'ignore ; mais cependant je ne puis m'empêcher de m'agenouiller à deux genoux dans l'église de l'Annonciation.

Et puis si vous saviez, monsieur, comme cela vous fait comprendre toutes les choses que vous pensiez le mieux comprendre, aller, venir, passer sous ce beau ciel, fouler cette heureuse terre, entrer dans ces voûtes ouvertes à tous, saluer ces chefs-d'œuvre, voir, comparer, toucher du doigt, on se demande où donc on a passé sa vie pour n'avoir pas vu encore toutes ces merveilles? On se dit souvent : — Tu rêves, homme heureux, et tu fais un beau rêve ! On se croit revenu à ces enchantements passionnés de la première jeunesse, quand pour vous tout est amour, poésie, enthousiasme, admiration : l'oiseau qui chante dans l'arbre, l'arbre qui se balance dans l'air, l'air qui va rejoindre le soleil, l'insecte qui bourdonne au-dessus de toutes ces choses, l'onde qui les entoure de son éclat, de sa fraîcheur, de son murmure. — O la jeunesse! pour admirer le gazon, les fleurs, les astres, le ciel, la pâle et scintillante clarté des nuits d'août! Mais aussi, ô l'âge mûr pour admirer les marbres, les toiles, les palais, les ruines, les chefs-d'œuvre, toutes ces beautés éparses que l'antiquité a jetées sur le monde chrétien, que le moyen-âge a laissées au monde moderne. A vingt ans, qu'admirez-vous? la rose flétrie sur le sein de votre maîtresse! Dix ans plus tard, c'est un fragment de marbre bruni sous le soleil de la Grèce, c'est le vers d'un poëte, c'est un des mille haillons que le temps dédaigne d'enlever avec le bout de cette faux qui est à la fois un crochet et une épée. Et puis cela vous rend si modeste, comprendre enfin la toute-puissance des temps qui ne sont plus! Cela vous rend si intelligent des études que vous pensiez le mieux savoir, parcourir le vaste théâtre où se sont accomplis tant de drames et tant de poëmes, tant d'histoires et tant de rêves! En effet, depuis que je suis entré dans cette terre bénie du ciel, nos prosateurs admirés, Tite-Live et Tacite; nos poëtes favoris, Horace et Virgile, se sont éclairés d'une vive et soudaine lumière que je ne soupçonnais pas; dans ces villes entourées de fossés ruinés, entre ces maisons crénelées dont la tour est encore debout, je comprends enfin les guerres civiles, les luttes sanglantes de l'Italie. Dans ces belles campagnes arrosées par de nombreux petits ruisseaux, dans ces gras pâturages où ruminent les grands bœufs des *Géorgiques*, sur les bords de cette mer brillante, je comprends, ou plutôt je retrouve enfin Virgile; je sais qu'Horace viendra plus tard, quand j'aurai touché Tibur; je sais que Naples me fera comprendre Ovide et les voluptés impériales, comme hier soir j'ai compris le Dante en traversant les rues de Florence. Voilà donc un nouveau monde qui s'ouvre devant moi, le monde de la poésie et de la féerie. Et moi, insensé, qui hésitais à partir!

C'est ainsi que je n'ai compris qu'à Gênes le mot de ce doge si souvent répété, quand la magnificence insolente du roi Louis XIV eut forcé le doge de Gênes de venir à Versailles humilier sa république. Comme on promenait le noble étranger dans les jardins de Versailles, sur ces pelouses foulées par tous les grands hommes du grand siècle, au bruit de ces mille jets d'eau qui s'élançaient dans les airs sur un geste du maître; comme on lui faisait parcourir ces immenses galeries, ces vastes salons, cet univers de marbre et d'or; comme on l'arrêtait à chaque pas pour lui laisser admirer toutes ces merveilles nouvellement créées dans ce lieu inculte, et quand enfin il se fut arrêté, dans la salle du trône, au pied même de ce trône, élevé là comme à la plus belle place qui se pût choisir dans tout le royaume de France, comme on lui demandait ce qui l'avait le plus étonné à Versailles : — *C'est de m'y voir*, répondit-il. La réponse étonna toute la cour de Louis XIV, sans qu'on la pût comprendre; les historiens la répétèrent sans la comprendre; tous les honnêtes académiciens qui ont été reçus à l'Académie, M. Scribe lui-même, se sont fait l'application de cette même phrase, et toujours sans la comprendre. — Pour la comprendre, cette réponse qui dans le fond est très-simple et très-belle, et très peu faite pour les nouveaux venus à l'Académie française, il faut être venu à Gênes et avoir parcouru du haut en bas tous ses palais.

C'est qu'en effet, si les courtisans de Versailles ont cru étonner le doge de Gênes à force d'éclat et de magnificence, ils ignoraient de quelle ville venait le doge. S'ils avaient su que ce marchand, fils de marchands, représentant d'une ville de marchands, avait, lui aussi, son palais de Versailles, et qu'il venait de la rue même qui en est remplie, ils ne se seraient pas si fort empressés de lui dire : *Qu'est-ce qui vous étonne le plus ici, monseigneur ?* Et de quoi vouliez-vous en effet qu'il s'étonnât, cet homme ? De votre palais de pierres ? il avait un palais de marbre ! De vos colonnes de marbre ? il avait des colonnes de porphyre ! De vos colonnes de porphyre ? il avait des murailles de lapis-lazuli ! De votre architecte Mansard ? il avait pour architectes François Falcone, André son frère, Charles Fontana, qui a élevé l'obélisque de Rome, et qui a fait de plus beaux escaliers que l'escalier de Versailles ! — Vous aviez des statues de Coysevox ; il avait des statues du Pujet. Lebrun était le peintre du roi ; le peintre du doge s'appelait Paul Véronèse. Le roi faisait faire son portrait par Mignard ; le doge faisait peindre sa femme, son enfant et son chien, par Van-Dyck. Quoi donc le pouvait étonner dans cet étonnement de Versailles, lui, le doge de Gênes, dont la chambre était peinte par Aldovrandini, dont Romanelli dessinait les tapisseries, qui avait à sa solde le Corrége, le Titien, les deux Carraches? De quoi pouvait-il s'étonner, ce roi d'une république, qui n'achetait pas au hasard les tableaux des maîtres, mais qui de père en fils faisait venir les grands peintres, et qui leur disait : — Il me faut à cette place un chef-d'œuvre, — et qui avait ainsi à ses ordres le Tintoret, tout comme son grand-père avait eu à ses ordres Albert-Durer? — Un homme qui avait commandé à Paul Véronèse, tout exprès pour couvrir un pan de mur de sa maison, la *Madeleine*, de quoi pouvait-il s'étonner? Serait-ce par hasard de vos jardins remplis de statues? mais il avait autour de son palais des jardins suspendus comme les jardins de Babylone. Et pouvait-il s'étonner des eaux de Versailles, quand un immense aqueduc jetait, comme il jette encore à toute heure, un fleuve entier sur la ville de Gênes. Et quant au reste de l'ornement royal, de quoi pouvait-il s'étonner, ce bon doge, lui qui renfermait dans sa maison les marbres précieux de l'Italie, les richesses du Japon et de la Chine, les parfums de l'Orient, les glaces de Venise, lui qui jeune enfant avait posé devant Rubens !

Plus vous verrez de près les palais de Gênes, et mieux vous comprendrez la réponse du doge. Un palais génois, un véritable palais de la belle époque, est, même au dehors, chargé de marbres et de peintures. L'escalier est immense, le vestibule est orné de statues ; à travers une longue suite de bustes antiques, vous arrivez à ces grandes portes qui s'ouvrent d'elles-mêmes devant vous ; vous pénétrez ainsi sans obstacle dans ces ruines resplendissantes. Alors se présente à vos yeux toute cette grandeur que tant de révolutions n'ont pu anéantir. Entrez, les salons sont ouverts, la table est mise encore pour le festin de Banco ; seulement toutes les places sont vides ; marchez sans crainte, le silence est le seul habitant de ces demeures ; l'écho seul se ressentira du bruit de vos pas ; et pourtant, malgré vous, quel respect vous saisit en pénétrant sous ces voûtes hautes et sonores ! C'est qu'en effet tout un siècle de splendeur et de gloire a laissé dans ces murs des traces non effacées de son passage. Ce siècle est mort, mais rien n'a été changé dans sa demeure. Ne demandez pas où sont les tombes, tant que les palais restent debout. Ainsi devait être dans ses marécages, et entouré de broussailles, le palais de cette reine qui a dormi cent ans. Dans ces palais génois, toutes choses sont en place, comme si le premier maître de la maison et sa famille allaient soudain se réveiller de leur long sommeil; l'antichambre attend les valets insolents et armés jusqu'aux dents, comme vous en voyez dans le *Roméo* de Shakespeare! Le cabinet intérieur est rempli des papiers et des livres du maître; déjà vous comprenez que le Dante a parlé, que Christophe Colomb est parti, que Galilée a été relâché par le saint-office. Entrez dans cette chambre sévère, garnie encore de ses meubles d'ébène et d'ivoire; Venise a envoyé là ses tentures et ses glaces, son cuir doré et ses tableaux; le lit nuptial est tendu, la toilette est toute disposée; — même ce qui restait de ce fard, la mort s'en est servi pour ses jours de divertissements et de fête. — Marchez encore, marchez dans le silence; chaque meuble est à sa place : ici le berceau de l'enfant, l'épée du jeune homme, la cuirasse du capitaine, le fauteuil du vieillard! Leurs portraits vous regardent, et vous marchez le chapeau bas par respect pour ces générations vivantes. Avancez encore! les portes s'ouvrent à deux battants devant vous, les hôtes d'une heure! Vous voilà dans ces riches salons où le seizième siècle déployait toutes ses magnificences. Ces salons étaient garnis de grands noms, de grandes passions! — passions évanouies, noms presque oubliés! et cependant les lustres du bal se balancent encore comme à la dernière fête, les siéges de velours attendent les danseurs. Silence! la jeunesse dorée va venir, pendant que dans la salle voisine, à cette longue table chargée de verres, de bronze, d'argent et d'or, vont s'asseoir les convives. En même temps les cabinets les plus reculés sont ouverts pour la causerie politique; la chapelle est toute prête pour la prière; tout prêt aussi est le théâtre; les vastes cuisines n'attendent plus qu'un peu de feu dans leurs fourneaux; au sommet de la voûte, dans le balcon brodé à jour, les musiciens sont attendus; à travers les glaces brillantes vous allez voir glisser les belles Italiennes à l'œil noir qui éclate sur la peau blanche. Quel bonheur, si seulement dans ce silence on pouvait entendre la *Romanesca*, tirée de l'oubli par le violon de Baillot!

Et tous ces palais déserts sont ainsi bâtis, ornés, parés, complets. Le propriétaire lui-même vous en ouvre les portes, il en est le gardien plus que le maître; tout ruiné qu'il est, il se croirait déshonoré s'il arrachait une seule toile de ces riches murailles, s'il vendait un seul meuble de ces appartements magnifiques. Tel homme possède pour un million de tableaux, qui depuis dix ans n'a pas mis sur sa tête un chapeau neuf! Tous ces palais ainsi défendus vous appartiennent; vous y pouvez entrer sans crainte, ils ne sont remplis que de chefs-d'œuvre. Si par hasard une de ces maisons est occupée, entrez toujours : le maître se retire, sa femme et ses filles vous cèdent la place; ils savent très-bien, ces hospitaliers gentilshommes, qu'on n'a pas pour soi tout seul toutes ces merveilles!

Et quand, pour vous arracher à toutes ces mornes magnificences, vous quittez l'admirable rue Balbi, la rue Neuve et ses nobles façades que Rubens a dessinées, et dont il a publié le recueil à Venise, vous vous trouvez sur les remparts, et vous parvenez ainsi dans le port à travers de formidables batteries de canon qui ne font peur à personne ; puis les remparts parcourus, faites comme nous ; prenez une barque et allez, du milieu du port, admirer ce vaste amphithéâtre de maisons, d'hôpitaux, de montagnes, de verdure et de marbre ; nous autres, plus heureux que vous ne serez, nous avons été reçus avec l'hospitalité la plus bienveillante dans ce beau vaisseau anglais *le Pembroke*. En nous tendant la main, le commandant nous a priés de l'excuser si la musique était dans la ville ; puis il nous a montré toute cette vaste machine, si intelligente et si calme, les canons, les fusils, les trois mâts, les matelots, les soldats, l'hôpital où se mourait un homme dans son hamac. — Cependant, tout au loin, se dessinait la ville de Gênes, immobile et résignée, et absorbée par la Savoie : — par la Savoie !

Et moi, en voyant face à face ces deux peuples marchands, les Anglais et les Génois, ceux-ci les maîtres de la mer, ceux-là à peine les maîtres de leur port ; les uns placés aussi haut dans l'échelle des nations intelligentes que les autres l'ont été jadis ; en voyant un seul Anglais narguer, pour ainsi dire, ces remparts chargés de canon, cette ville qui fut la ville des doges, la nation de Doria, ce peuple qui fut le maître de l'Orient, j'étais tenté de me tourner vers les Anglais qui buvaient tranquillement leur *grog*, de leur montrer du doigt tout cet abaissement et toute cette misère, et de m'écrier, comme Bossuet : — *Erudimini!* Instruisez-vous, peuple de marchands !

Le lendemain, nous gravissions *la rivière de Gênes* pour aller à Lucques et à Pise.

De Gênes à Lucques, en effet, la route est admirable. On dirait un sentier frayé à la fois au pied des Apennins et sur la mer ; vous jouissez en même temps de la montagne et de la Méditerranée : à votre droite passent en souriant de charmants villages, des maisons placées au sommet des collines, des bois épais, des orangers en fleurs ; et cependant, à votre gauche, la mer à peine ridée jette doucement à vos pieds sa blanche écume ; tout ce paysage se reflète dans des flots azurés, en même temps que les flots rejettent toute leur mobile clarté sur le paysage.

Chemin faisant, vous étudiez ce qui se passe. Sur

la mer et sur la terre l'activité est la même ; les pêcheurs vont au loin chercher leur butin de chaque jour, pendant que l'agriculteur fait produire à son petit domaine au moins deux récoltes. Vous ne sauriez croire ce qu'on peut tirer d'un quart d'arpent en Italie. Le mûrier et l'olivier, l'oranger et le citronnier, tous les légumes des jardins potagers, tous les fruits de nos vergers y poussent en même temps et pour ainsi dire dans le même sillon ; le blé est à côté de l'avoine ; entre ce blé et cette avoine, et sans leur nuire, pousse une herbe vigoureuse pour les bestiaux, pendant que la vigne capricieuse, jetant ses longs bras touffus de branche en branche, protége toute cette abondance de son pampre et de ses fruits contre un soleil trop ardent. Et puis le long du chemin ce sont des cris de joie, des fêtes, des processions, des carrières de marbre, ou plutôt des carrières de statues toutes faites comme à Carrare ; ce sont des cascades qui tombent du rocher, comme si ce rocher eût été frappé de la verge de Moïse ; ce sont de vieilles cathédrales qui vous arrêtent, des ports sans nom, et non pas sans activité : si bien qu'arrivé à Lucques, vous êtes presque fâché d'être arrivé si vite. Mais patience, la terre ne vous manquera pas.

Lucques est un des plus petits, mais des plus agréables royaumes de l'Italie. Charmant et calme royaume de quelques gens heureux qui ont arrangé à merveille tout ce bonheur. Cette douce et calme vallée est gouvernée par un infant d'Espagne qui sera plus tard prince de Parme et de Plaisance, et qui attend fort patiemment cette révolution dans sa fortune. Quand je dis que cette principauté est *gouvernée*, c'est un bien grand mot dont je me sers à propos de ce beau domaine. La ville se gouverne toute seule. Elle se compose d'agriculteurs et de paresseux ; elle appartient au repos et à la vie des champs. Les remparts sont chargés d'arbres et de vignes ; la plus belle orge pousse dans les fossés, la plus belle herbe dans les rues. Quelques soldats d'un certain âge, gros et respectables vétérans de la paix et de la figure la plus bienveillante, n'ont pas d'autre occupation que de courir après tous les bouts de ruban qui passent, et de leur *porter armes*. Vous entrez dans le palais du despote lucquois, et vous trouvez que toutes les portes sont ouvertes. Le palais est riche et vaste ; la galerie de tableaux possède plusieurs chefs-d'œuvre du plus grand prix. Dans un vaste cabinet plein de livres, et de livres français encore, est assise S. A. R. C'est un jeune homme à l'œil noir et vif, au sourire bienveillant, très-éloquent, très-instruit des choses de ce monde, et très-peu absolu. Un simple propriétaire de deux ou trois cents arpents de terre en Normandie, qui serait avec cela membre du conseil municipal et de la chambre des pairs, serait à coup sûr moins affable, moins bienveillant, moins hospitalier, et surtout moins éclairé et moins heureux que le bien-aimé tyran de Lucques, le successeur du grand Castruccio de Lucques. Cette simplicité pleine de goût et d'esprit embarrasserait quelque peu, j'imagine, nos grands faiseurs de déclamations.

Cependant, telle que vous la voyez, si affable et si calme, la ville de Lucques a été, tout comme une autre, le siége d'une turbulente république; même sous les Romains, cette république perdue dans l'immense république se gouvernait par ses propres lois. César et Narsès, le premier empereur et le dernier général des empereurs, ont passé dans ces rues, maintenant désertes. Après avoir subi toutes les vicissitudes des plus importantes républiques italiennes, la petite principauté était redevenue, tant bien que mal, une république, lorsque l'empereur Napoléon en fit présent à sa sœur Élisa. C'était un homme qui donnait une république avec aussi peu de façon que s'il eût donné un royaume, tant il avait pris l'habitude de donner aux siens tout ce qu'il ne gardait pas pour lui.

Un coup d'œil vous suffira pour savoir à fond toute la ville, — son aqueduc, — sa cathédrale revêtue de marbre, — son vieux palais, — son arsenal qui est vide, heureusement pour elle; après quoi vous partez, non sans regretter ces bains célèbres, dans le plus beau site de l'Italie, où la molle Italie vient reposer chaque année sa vie oisive et bien portante, ces ruisseaux remplis de truites, cette plaine couverte de bestiaux, tout ce vaste jardin bien cultivé, qui entoure la ville de ses fruits, de son ombrage et de ses fleurs.

IV.

LUCQUES. — PISE.

Florence, le 18 juin 1858.

Et maintenant nous sommes arrivés d'un saut dans une autre république qui a joué un rôle important, son rôle d'une heure, parmi les républiques italiennes : Pise, qui tient à l'honneur d'avoir été fondée par les Grecs, même aujourd'hui a gardé je ne sais quel parfum athénien ; elle soutient encore, et elle le soutiendra jusqu'à la fin du monde, qu'elle n'a pas été vaincue par Rome, mais bien qu'elle s'est donnée à Rome librement. Le nom des Pisans est inscrit avec honneur dans l'*Énéide*, cette admirable généalogie romaine. Autrefois Pise avait un port célèbre; d'abord la mer s'est éloignée du port, et plus tard, pour comble de misères, sont venus les barbares; car ceci est la même histoire pour toutes les villes de l'Italie; à l'instant même de leur plus grande prospérité, vous voyez fondre sur ces cités épouvantées tous ces terribles missionnaires de la barbarie, Alaric, Attila, Genseric, Odoacre, le blasphème et la ruine, le feu et le fer; après quoi tout disparaît dans les mêmes ténèbres, les villes, les hommes, les lois, les mœurs; jusqu'à ce qu'enfin dans cette nuit profonde du moyen âge se glissent les premières clartés, les premières libertés de la renaissance. A ces lueurs bienfaisantes, vous voyez peu à peu les nations couchées dans la poudre renaître à l'espérance. De nouveau elles essaient leur force et leur pensée; puis bientôt les villes anséatiques sortent de leurs ruines; les républiques se relèvent, les siècles interrompus recommencent, jusqu'au jour où il arrive que toutes ces villes renais-

santes soient assez fortes pour se dévorer l'une l'autre :
— histoire sans fin, également remplie de brigands
et de héros.

Ne craignez pas que je veuille faire ici de l'histoire ;
je ne veux que la deviner à ma manière, en traversant ces rues silencieuses, ces vallées désertes, tout
ce pays couvert de tours démantelées, de créneaux
brisés, de remparts détruits, de campagnes florissantes ;
car, Dieu merci, la verdure est éternelle comme le
soleil. L'homme peut renverser une ville, il ne saurait anéantir le lis de la vallée dont Salomon a célébré l'impérissable magnificence. Hommes sacriléges,
qui cherchez dans vos propres entrailles le secret de
votre néant ou de votre grandeur, vous pouvez briser
des marbres et des bronzes, mais vous ne sauriez
tarir la moindre source cachée dans les bois. Vous
pouvez jeter dans ces murs le silence de la mort,
vous ne sauriez arrêter le chant de l'alouette matinale qui salue le lever du soleil ! Et d'ailleurs, comme
nous le disions plus haut, rien ne s'efface tout à fait
de ce monde ; les ruines sont presque immortelles, ce
sont les décombres sacrés des villes qui ne sont plus.

Pise, cependant, n'est pas une ruine, c'est quelque chose entre la ville qui est morte et la ville qui va mourir. Pise est restée une ville du moyen âge et de la renaissance ; elle n'a pas fait un pas ni en avant ni en arrière. Le bruit et le mouvement l'ont abandonnée comme a fait la mer qu'on entend gronder au loin, sans que jamais la mer veuille se rapprocher de ces murailles abandonnées. Donc il la faut contempler telle qu'elle est, étendue dans son cercueil de marbre, et belle encore dans sa mort, cette ville guerrière et commerçante, qui a été la rivale de Venise, la maîtresse de Carthage ; qui a possédé, au temps des croisades, son royaume sur la terre d'Afrique. Heureuse encore d'être protégée aujourd'hui par les œuvres de quelques grands artistes dont elle est la mère et dont elle fut la nourrice ; car si elle n'avait plus pour elle que ses quais sur l'Arno, ses hautes murailles, ses tours démantelées et le bruit évanoui qu'elle a fait dans l'histoire, Pise ne serait plus qu'un vain nom perdu dans l'espace, un bruit lointain et sans écho.

Heureusement, de toutes ses gloires passées, de tous

les édifices qu'elle éleva, de toutes les villes qu'elle a renversées, de toutes ses conquêtes, de toutes ses ruines, il reste à Pise trois chefs-d'œuvre impérissables, *le dôme, la tour penchée* et *le Campo-Santo* : avec de pareils débris une ville, même une ruine, ne peut pas mourir.

Moi qui vous parle et qui arrivais là encore tout ébloui par la magnificence des palais génois, par cet art exquis, par cette magnificence sans égale, par cet entassement de chefs-d'œuvre choisis à la plus belle époque des chefs-d'œuvre, moi qui tombais ainsi du seizième siècle italien au treizième et au quatorzième siècle, je vous assure que ce pas rétrograde ne m'a nullement épouvanté. J'ai été émerveillé tout d'abord au seul aspect de ces grandes masses si remplies d'une imposante majesté. En architecture, ce qui est grand est déjà bien près d'être beau. Il faut dire aussi que, dans l'art, les premiers témoignages du génie d'un peuple qui s'éveille portent en eux-mêmes je ne sais quoi de sacré et de puissant qui vous les fait respectables. Le beau moment pour faire l'homme de goût, quand on se trouve au sommet de la tour penchée !

La belle imagination de faire de la petite critique sous le dôme de Pise, et que cela serait habile d'aller compter les pierres du cimetière ! Pour bien juger ces grands monuments des siècles passés, rien ne vaut le respect et le cœur. C'est donc dans toute l'humble simplicité de mon esprit que je les ai étudiés dans le plus grand détail, ces trois chefs-d'œuvre; et maintenant, les yeux fermés, je les vois encore au fond de mon âme, tout comme on voit dans une chambre obscure. Ces trois monuments sont élevés sur la même place, un peu au-devant de la ville, dans un vaste espace qu'ils remplissent seuls de leur masse et de leur ombre, sans que nul édifice profane leur porte ombrage. Le dôme, la tour, le cimetière, c'est la même œuvre ; ce sont les chants divers d'un seul et même poëme épique et chrétien qui se pourrait très-fort comparer à *la Divine Comédie* du Dante, car c'est le Dante qui en a inspiré les plus belles pages : ici la vie, plus loin la mort ; là-haut le ciel, plus bas la tombe ; entre ces deux monuments si divers, cette haute tour qui sera éternellement croulante, et le *Campo-Santo,* qui sera silencieux jusqu'à ce qu'il soit absorbé comme le reste du monde dans la retentissante vallée de Josaphat, s'élève l'église, comme pour réunir, par un lien sacré, ce que l'artiste a séparé. Le dôme pisan a été élevé à la suite d'une victoire de la république contre les Sarrasins; c'est le plus beau monument de l'art gothique en Italie à cette heure solennelle des arts, quand déjà la renaissance se faisait pressentir. A force d'aller en Orient et d'en revenir, les Pisans avaient pris peu à peu le goût et la passion des grands monuments destinés à marquer la trace des peuples dans l'avenir. Dans cette passion pour les grands arts, Pise a commencé avant Florence; mais elle n'a précédé Florence que de vingt-quatre heures, dans ce départ de l'art moderne dont Florence devait être l'arbitre souverain.

Singuliers commencements cependant des beaux-arts en Europe! c'est en dérobant çà et là à Rome, à la Grèce, aux villes d'Orient, leurs monuments les plus portatifs, que cette noble passion est venue aux villes du moyen âge. D'abord, cela leur paraissait plus simple et plus facile d'enlever une colonne à quelque temple ruiné de Thèbes ou de Memphis, que de tailler cette même colonne dans le roc natal et de la sculpter sur les lieux. Le hasard est donc, à vrai dire, le seul architecte de ces premiers efforts gigantesques de l'Italie. C'est un emprunt perpétuel de toutes sortes de matériaux divers, un pêle-mêle de chefs-d'œuvre. Les fondations du temple païen servent d'abord à bâtir l'église chrétienne, ses débris servent à l'orner; les statues mutilées des faux dieux deviennent les images vénérées des martyrs. Bien plus, sur le faîte du temple de Pise, se tient debout, les ailes étendues, l'hippogriffe de bronze enlevé à Constantinople, afin sans doute que nul mystère ne fût oublié dans cette mystérieuse réunion de toutes les fables de l'antiquité, de toutes les vérités du christianisme.

Ainsi donc, ce qui vous frappe le plus sur le dôme et sous le dôme, ce n'est pas la hardiesse de l'architecture, ce n'est pas même son étrangeté, ce sont les infinis détails de cette montagne de marbre, à la fois grecque et gothique, fouillée dans tous les sens, par toutes sortes de ciseaux chrétiens et profanes; moitié temple et moitié citadelle, moitié tombeaux, moitié chapelles, remplie de croyances et de caprices ; muraille immense sur laquelle de grands artistes ont essayé leurs forces naissantes ; bégaiement informe, mais non pas sans élégance et sans grâce, qui annonçait à merveille les chefs-d'œuvre à venir. Quelle révolution ce dût être, quand cette malheureuse Italie, échappant enfin à la barbarie stupide et sauvage du treizième siècle, commença les premiers et nobles efforts qui devaient la rendre à la liberté et au génie! Sur ce vieux territoire de Pise, dans cette Toscane qui donna l'éveil au reste du monde, quelques sculpteurs sans nom ont donné les premiers un démenti plein de génie à cet art bâtard que les Grecs du moyen âge avaient transplanté en Italie, et dont les malheureux Italiens s'étaient contentés si longtemps. On en vint, un beau jour que la paix était générale, à s'aviser que les chefs-d'œuvre de la Grèce antique valaient pour le moins les œuvres informes de la Grèce devenue barbare. Ce fut une clarté nouvelle, étrange, hardie, dont bientôt profitèrent les Italiens inspirés. Approchez-vous et regardez, à la cathédrale de Pise, cette porte qu'on dirait faite à Byzance : eh bien ! cette porte toute barbare que vous la voyez, elle ouvrira ses deux battants pour laisser entrer dans la gloire le grand Nicolas de Pise, cet homme qui a réveillé tout à fait la Grèce antique, endormie depuis tant de siècles dans son sarcophage de marbre. Oui, c'est cela, marchons avec respect dans l'espace vide qui sépare ces trois grands monuments de Pise, car à cette même place, les beaux-arts de l'Italie ont tenté leurs premiers efforts. A cette même place a commencé l'art florentin, l'art par excellence. A cette même place, le quatorzième, le quinzième et le seizième siècle ont appris comment on taille le marbre, comment on élève la pierre, comment on fond le bronze, comment on sculpte le bois, comment on prépare l'argent et l'or, comment le peintre peut charger de ses œuvres des murailles de plusieurs milles.

Prenez patience : dans cette étrange confusion de formes, de couleurs, de métaux, de matériaux, d'efforts de tout genre, les grands artistes à venir sauront bien reconnaître et retrouver toutes les ressources à l'usage de leur art; et quel art ce doit être, savez-vous, cet art dont le dôme, dont la tour, dont le baptistaire, dont le Campo-Santo de Pise, merveilles inestimables, ne sont pourtant que les rudes et informes linéaments!

L'an 1065, les Pisans éveillés les premiers à cette clarté qui leur venait de l'antiquité profane, riches comme des marchands, mais comme des marchands qui ont fait leur fortune les armes à la main, résolurent d'employer ces richesses immenses et les souvenirs de leurs voyages à élever au dedans de leur ville un monument si grand, si complet et si riche que rien ne lui fût comparable dans l'Italie chrétienne. A cet effet ils allèrent chercher en Grèce un architecte, des peintres, des sculpteurs et même des maçons. Ils appelèrent à cette œuvre immense quiconque se sentait des bras ou du génie. Ils y employèrent tout un siècle et tout le superflu de leur fortune; tous les arts naissants obéirent à ces grands seigneurs de la mer. Des murs d'airain furent dressés dans les airs, ces murs barbares furent chargés de sculptures et de mosaïques plus barbares encore; on entassa en ce lieu tout ce qu'on peut entasser de tombeaux et d'autels, et voilà comment la tour de Pise à peine achevée fut pour ainsi dire le fanal du haut duquel le génie toscan s'en vint contempler l'avenir !

Pénétrez cependant sous ces voûtes que cinquante colonnes supportent dans les airs. L'église est une immense croix latine, entourée de pilastres et de colonnes de tous les ordres d'architecture. On dirait un échantillon de tous les marbres précieux envoyés là par les géants. Entre ces colonnes, dans ces nombreuses chapelles, le statuaire et le peintre ont jeté à profusion les statues et les tableaux. On remarque dans le chœur, non loin du tombeau de l'archevêque de Pise, trois statues en bronze de Jean de Bologne, ce grand artiste que vous retrouverez plus tard et toutes les fois que la république de Florence aura besoin d'un chef-d'œuvre; là aussi est enseveli dans un linceul de marbre le roi Henri VII, l'ennemi de Florence, l'ami de Pise, célébré par le Dante lui-même; là aussi ont essayé leurs forces le grand artiste Nicolas de Pise et Jean son fils, digne de son père, célèbres talents qui ne le cèdent qu'à Michel-Ange, dont Michel-Ange a absorbé toute la renommée. Au milieu de tous ces essais admirables d'un art qui n'est pas tout à fait l'art florentin, mais qui le sera bientôt, vous restez ébloui, confondu : c'est ainsi qu'en lisant quelque grand récit de bataille dans Philippe de Comines, vous pressentez confusément les grands écrivains qui vont venir.

A côté du vaste dôme s'élève le baptistaire ; placé là, le baptistaire n'est qu'une chapelle ; autre part le baptistaire serait une cathédrale. Mais quelle élégante cathédrale ! L'école de Pise n'a rien produit de plus excellent : la porte du baptistaire de Pise a servi de modèle à cette porte du baptistaire de Florence que Michel-Ange appelait *la porte du Paradis*. Je ne puis vous dire ni le nombre ni la forme des colonnes du baptistaire, ni la couleur, ni l'éclat des marbres ; à peine vous parlerai-je de la chaire sculptée par Nicolas de Pise, et des fonts baptismaux que soutiennent des colonnes de porphyre dérobées à l'Orient. Vous diriez un de ces bijoux ciselés à l'usage des belles dames que Benvenuto Cellini mit à la mode dans tous les coins policés de l'Europe. On dirait de la sculpture au burin. Tout ce que l'artiste a renfermé dans ces dix pieds de marbre est incroyable. Les vieux Pisans étaient si fiers de cette œuvre du grand Nicolas, que c'était un devoir du podestat de faire garder par des hommes armés *si amirabile opera.*

Ce fut en travaillant d'abord aux bas-reliefs, que Nicolas commença la grande révolution dans l'art que Michel-Ange devait accomplir. Dès l'an 1252, Nicolas avait déjà sculpté à Bologne l'urne de Saint-Dominique, œuvre admirable et pour laquelle l'Italie l'avait surnommé Nicolas *dall' urna;* il ne fit que plus tard les bas-reliefs de la chaire de Saint-Jean dans le baptistaire. Cet homme a retrouvé l'art antique, sinon à force de génie, du moins à force de patience. Il a été le maître d'Arnolphe de Florence, le maître de son fils Jean de Pise, le digne émule de Nicolas, le maître d'André de Pise qui a mis vingt-deux ans à exécuter une des portes du baptistaire de Florence, lequel André fut le maître de Donatello et de Ghiberti. Voilà quel était l'illustre sculpteur de la chaire de Saint-Jean.

Malheureusement ce chef-d'œuvre a été barbarement dégradé en plusieurs endroits. Plus d'une tête coupée a été retranchée à plus d'un beau corps qui reste ainsi couché dans l'attitude du respect : plus d'une tête est restée privée du bras qu'elle animait de sa pensée; les Pisans dans leur chronique accusent de ces indignes mutilations Laurent de Médicis en personne : *Il quale, per ornare il suo museo, tronco barbaramente a molto figure, le teste, le braccia e le gambe.* Et telle était cette furieuse passion des Médicis pour augmenter leur musée, que je ne jurerais pas que malgré toute l'horreur de cette profanation, la chronique pisane ait menti.

Montons à présent au sommet de cette tour penchée, l'une des plus célèbres merveilles de l'Italie. Elle est toute en marbre; on y monte par deux cent quatre-vingt-treize marches pratiquées dans un mur éclairé par de larges fenêtres; arrivé au sommet de la tour, vous grimpez encore à une échelle, et alors vous voilà plus élevé que les cloches les plus hautes du *campanile : la Vierge, la Passion, la Justice,* bronzes formidables, qui cependant n'ont pu ébranler cette forteresse à demi couchée par terre. Comment est arrivée cette inclinaison de la tour? Par la volonté de l'architecte? par un tremblement de terre? par un affaissement du terrain? On l'ignore. L'art était encore trop peu avancé pour se livrer à de pareilles bizarreries, qui n'appartiennent ordinairement, dans tous les arts, qu'aux génies épuisés. D'un autre côté cependant, comment expliquer cette déviation de quinze pieds qui entraînerait la ruine de tout édifice même beaucoup moins considérable que la tour de Pise, laquelle n'a pas moins de cent quatre-vingt-dix pieds de hauteur?

Cette tour et le dôme se souviennent de Galilée, ce Michel-Ange de la science. De cette hauteur, Galilée a calculé la chute des corps graves, tout comme à vingt ans il devina le pendule en suivant avec l'attention du génie le mouvement de la lampe de fer qui est encore suspendue aux voûtes de la cathédrale. On vous montre la lampe de Galilée tout comme on vous montrerait la pomme de Newton. Quels hommes, qui voyaient tant de choses sans effroi! Et nous autres, faibles mortels, qui nous cramponnons épouvantés à la balustrade de pierre, et que le vertige vient à prendre rien qu'à voir au loin les montagnes de Lucques, les aqueducs, les baies, la mer, Livourne et son port?

Mais de tous les chefs-d'œuvre entassés là, de toutes les merveilles élevées à cette place, par les mains des hommes, vous n'avez pas vu le plus étrange ; quittons ces hauteurs et descendons dans cette tombe immense ouverte à nos pieds, vous allez enfin savoir ce que vaut la gloire, l'autorité, la science, la puissance, la liberté. Car aux pieds de la tour, qui semble s'en éloigner avec effroi ; à l'ombre sainte de la cathédrale qui le protége ; non loin du baptistaire, cette porte sainte par laquelle le chrétien entre dans la vie, s'étend le *Campo-Santo* à demi caché sous ses arcades et sous les cyprès funèbres. Le *Campo-Santo* a été le cimetière de cette république de Pise quand elle avait à ensevelir ses héros, ses défenseurs, ses magistrats, ses grands artistes. Tant que la république a vieilli forte, puissante, glorieuse, le *Campo-Santo* a été ouvert à ses morts ; il a été fermé avec son dernier grand homme. L'histoire de Pise et son cimetière national ont accompli leur tâche le même jour.

A la bonne heure, voilà ce qui s'appelle un panthéon, un panthéon inviolable et logique, où l'apothéose de la veille ne se change pas en imprécations le lendemain ! A la bonne heure, voilà un cimetière national, un cimetière sans confusion, où chacun tient la même place dans le même néant glorieux. En effet, cette terre, par un privilége admirable, apportée tout exprès de Jérusalem, dévore les cadavres qu'on lui confie. Elle ne laisse rien de l'homme que son nom et sa gloire. Eh ! quel besoin l'homme a-t-il donc de posséder éternellement ces six pieds de terre dont il se vante ? Le *Campo-Santo* lui prête à peine pour quelques jours ce dernier domaine de son ambition ; après quoi il ne reste plus rien de ce cadavre, pas même *ce quelque chose sans nom* dont parle Tertullien. Dans ce cimetière vide et si rempli, le fossoyeur d'*Hamlet* ne trouverait pas un crâne pour servir de texte à sa philosophie, pas un ossement pour jouer avec ses camarades ; à peine le prince de Danemarck y recueillerait un peu d'herbe pour tresser la couronne nuptiale d'Ophélie ! Dans ce lieu solennel, véritable champ de repos où tout repose, même les morts, toutes choses sont égales ; point de confusion, point de préférence, point d'ambition comme dans notre cimetière du

Père-Lachaise, cette caricature solennelle de toutes les vanités du monde ; mais des noms inscrits sur la pierre, et au-dessus de ces noms une immortelle oraison funèbre, non pas l'oraison funèbre de quelques-uns dans la foule, mais l'éternelle louange de l'histoire à l'usage de tous les hommes que cette terre hospitalière a dévorés.

Quand donc les vieux Pisans voulurent récompenser dignement la vertu guerrière et la vertu civile, qui est pour le moins l'égale de la première, ils ne trouvèrent rien de mieux que de faire venir cette terre de Jérusalem ; autour de cette terre sacrée, ils élevèrent de hautes murailles et de légers arceaux comme dans un cloître. Ce fut Jean de Pise, le fils de Nicolas, qui tailla ces pierres dentelées si bien faites pour les doux rayons de la lune de juin et qui perdent tout leur effet durant le jour. Puis, lorsque ces murailles furent élevées, lorsque Jean de Pise eut accompli son œuvre, la république abandonna ces murs funèbres à ses artistes favoris, afin qu'ils eussent à embellir la tombe commune et en même temps leur propre tombe. Tâche singulière et dont nous n'avons aucune idée, nous autres enfants passionnés et enthousiastes de l'heure présente. A cet appel de la république, tous les artistes obéirent avec un empressement solennel. Ils voulurent que pas un seul pan de ces murailles funèbres ne restât nu ou vide, afin que du moins il y eût de l'écho dans ce silence, une foule dans cette solitude.

Nul ne saurait dire l'effet de ces peintures à demi effacées par le temps, mais qui témoignent encore du génie et de la croyance religieuse de leurs auteurs. En vain votre regard plein de larmes cherche-t-il à découvrir quelques traces effacées des premiers essais du génie toscan, c'est à grand'peine si vous pouvez saisir, par quelques lignes restées pures, les drames naïfs dont ces vieilles murailles sont chargées. Pourtant sur ces murs dégradés se sont exercés les meilleurs élèves du Giotto, cet homme qui devina la peinture, et qui, dans la route qu'il a tracée, ne fut suivi qu'un siècle après par Brunelesco, Donatello et Masaccio, ces grands maîtres. Cependant quelques noms se lisent encore sur les murs du cimetière de Pise : Buffamalco, ce spirituel bouffon célébré par Boccace, la joie de Florence qui répétait ses bons mots, mort à l'hôpital en riant aux éclats ; Bruno di Giovanni, l'ami de Buffamalco, mais un ami jaloux et que la tête de Caïn empêchait de dormir. Il y avait encore Simone Memmi, Spinello Aretinos, Pietro da Orvieto, Benozzo Gozzoli, ouvriers en couleur de l'école de Cimabüe, moins naïfs et moins inspirés que leur maître. Surtout il y avait dans ces premières années si mémorables du quatorzième siècle le grand Orgagna, espèce de Michel-Ange précurseur, qui des premiers se mit à illustrer les murailles du *Campo-Santo*. Cet Orgagna était sculpteur, peintre, architecte et poëte, comme c'était l'usage dans les treizième, quatorzième et quinzième siècles *barbares;* il était un des premiers Italiens qui eût lu le Dante, et il s'était imbu de cette poésie nouvelle avec un fanatisme qui tenait de la dévotion. L'enfer, le jugement dernier, les mondes errants dans l'espace, toute la métaphysique, j'ai presque dit toute la théologie de la poésie furent dès lors la préoccupation unique d'André Orgagna. Tout plein des vers du Dante, Orgagna a voulu retracer sur les murailles du *Campo-Santo* l'enfer de la *Divine comédie*. Mais ce grand génie ne voyait encore dans la poésie d'Alighieri que la forme, la couleur, le mouvement, le drame. Il n'en comprenait guère ni la mélancolie intime, ni la douleur cachée, ni la tristesse profonde. Il n'avait encore que le pressentiment de cette beauté profane qui devait plus tard inspirer Raphaël. Que de têtes ravissantes échappées à ce génie! mais des têtes souvent sans pensée et partant sans grandeur. Il épelait, vous le voyez, ce terrible poëme que Michel-Ange devait savoir par cœur. Orgagna a tout au plus esquissé le *Jugement dernier* sur les murs du *Campo-Santo*, Michel-Ange l'a terminé au Vatican.

Parmi les artistes du treizième siècle, Orgagna n'est pas le seul qu'inspire le Dante. Au contraire, ils sont tous plus ou moins inspirés par ce divin poëte. Au cimetière de Pise, Buffamalco a représenté tous les cieux décrits par le Dante; Dieu lui-même les tient tous les sept dans la main. Dans le *Triomphe de la Mort*, le même André Orgagna, à l'exemple d'Alighieri, a placé ses ennemis et ses amis dans cet enfer qu'il a divisé en fosses (*bolgĕ*), comme fait le Dante; il a été fantasque, bouffon, satirique; près du *Triom-*

phe de la Mort, un digne élève du Giotto a représenté les pères du désert ; au milieu de ces figures sévères, l'auteur a trouvé le moyen de placer une très-jolie femme sous le capuchon d'un moine : c'est ainsi que Meyerbeer, dans *les Huguenots*, à la bénédiction des poignards, cache des femmes sous l'habit des enfants de chœur.—Vient ensuite Giotto, ce Raphaël des premiers temps de l'art; cet homme qui a deviné la couleur, le mouvement, la vie; cet homme qui a fait le portrait du Dante, qui a construit le clocher de la cathédrale de Florence, que tous les grands seigneurs de l'Italie, les Polentani de Ravenne, les Malatesti de Rimini, les Este de Ferrare, les Castruccio de Lucques, les Visconti de Milan, les Scala de Vérone, se disputèrent tour à tour comme un puissant auxiliaire à leur ambition et à leur fortune, a voulu, lui aussi, laisser sa trace dans le *Campo-Santo*. Giotto a laissé quatre tableaux dans le cimetière de Pise; mais seulement quelques lambeaux de ces chefs-d'œuvre sont restés sur les murailles dévastées. Il y a surtout un tableau de l'ivresse de Noé qui est plein de charme. Noé est ivre et nu; une jeune femme se couvre de la main les yeux, mais à travers cette main à demi fermée la curieuse *risque un œil*. Cette femme s'appelle *la Vergognosa;* elle a donné lieu à un proverbe. Mais allez donc suivre à la trace dans une demi-lieue de tour ces œuvres à demi effacées, tous les prophètes, toute la Bible, tout l'Évangile, tous les peintres des trois grands siècles de la peinture! Autant vaudrait compter les morts qui ont reposé un instant sous ces cyprès.

Tant qu'il fait jour, ce n'est pas le bon moment pour visiter ce cimetière qu'on dirait fondé pour un congrès de rois, ce champ sacré où toutes les tombes sont égales. Vous pouvez, il est vrai, profiter du soleil pour étudier l'un après l'autre tous ces marbres, tous ces débris de l'antiquité ramassés çà et là dans la république pisane, et qui ont enfin trouvé leur champ de repos, eux aussi, tout comme s'ils avaient mené la vie des hommes. Parmi ces fragments qui font de ce cimetière un musée, il y en a de très-remarquables. Profitez du jour pour les voir; et enfin, quand la nuit sera venue, quand la lune aura percé de son calme rayon le dernier nuage, quand le dernier Anglais, avec son sifflement importun et ennuyé, sera rentré dans son hôtellerie, glissez-vous, il est temps, dans le *Campo-Santo* de Pise. La nuit, qui efface tous les autres monuments, et qui les laisse dans l'ombre, remplit au contraire celui-là de mille lueurs favorables. Cette sombre verdure des cyprès s'adoucit à cette heureuse lueur. Ces grêles colonnades s'enhardissent dans ces ténèbres éclaircies, le vieux cloître s'agrandit à la faveur de cette mélancolique lumière, la lune à demi voilée projette au hasard ses faibles rayons sur tous ces restes des vieux temps : c'est le soleil des tombeaux.

Entrez donc dans cette enceinte funèbre. La porte est déjà chargée d'un sarcophage : c'est que pas une place n'a été perdue dans ce dernier asile de la mort. Ces ingénieux débris de l'art grec, de l'art étrusque, de l'art italien, à cette heure de la nuit, se montrent à vous tels qu'ils sortirent de la main de l'ouvrier. Ces marbres mutilés le matin, ces peintures à demi effacées au soleil, la limpide nuit italienne les remet en honneur ; elle complète, elle ajoute, elle agrandit, elle restaure, elle donne au temps un démenti formel, elle remplit cette solitude, elle ranime ce silence. Marchez doucement, afin qu'à cette heure les ombres errantes autour de leurs monuments vous prennent pour un fantôme. A votre droite s'agitent les peintures si calmes le matin ; à votre gauche s'enfuit au loin l'arcade effilée du cloître, mollement emportée dans l'ombre, pendant que vous foulez à vos pieds mille inscriptions funèbres, des armoiries brisées, des noms à demi effacés, des emblèmes qui voulaient dire autrefois : *Ici repose la beauté, la jeunesse*, et qui disent à peine à présent : *Ici repose un mort âgé de quatre siècles !* Lente promenade et solennelle, toute remplie d'apparitions imposantes. Confusion étrange de monuments païens et de monuments chrétiens, fort peu étonnés de se trouver réunis dans le même néant. La vieille Rome a déposé en ce lieu son Hercule, sa Junon, son Vulcain ; la Grèce y a laissé sa Vénus et ses Amours ; l'Égypte, son sphinx ; surtout elles y ont envoyé à l'envi des échantillons de leurs tombeaux. Et, savez-vous ? plus d'une fois dans ces cercueils vides, dans ces sarcophages chargés de l'ibis égyptien, ou bien entourés du myrte de Vénus, du pampre de Bacchus, se sont couchés, pour ne plus se relever jusqu'au jour du jugement, les plus fervents chrétiens du moyen âge. Toutes ces urnes de la mort mythologique se sont remplies une seconde fois, mais cette fois ce sont des adorateurs du Christ qui les remplissent. Dans un sarcophage en marbre blanc, qui, sans nul doute, a appartenu à quelque vaillant soldat romain, repose le grand architecte Nicolas; et à côté de son père, dans une gracieuse amphore du plus beau style grec, digne de sa main, se tient Jean, son fils, architecte du *Campo-Santo*. Excellent exemple que donnaient là ces artistes aux générations à venir; à savoir, que l'antiquité n'était point faite pour être indignement mutilée et semée aux vents; mais, au contraire, qu'elle était sainte et respectable jusque dans ses débris, et qu'un chrétien pouvait être à l'aise même dans les cercueils consacrés par les prêtres de Jupiter.

Ainsi toutes ces tombes antiques semblent glisser devant vous pendant que votre regard attristé cherche à deviner à quels hommes elles ont appartenu il y a mille ans, à quels hommes elles appartiennent depuis trois siècles? Tous ces antiques cercueils ont été construits, on le dirait, pour l'éternité; ils sont chargés d'images, d'emblèmes, de scènes riantes ou terribles, tout autant que le bouclier d'Achille dans Homère. Pour les compléter, on a placé au hasard d'autres fragments de colonnes, d'inscriptions ; des statues, des bustes, étrangers les inscriptions et les bustes aux cercueils qu'ils complètent. — Et ceci est encore d'un grand effet dans cette nuit à demi éclairée, vous, ne comprenant pas comment il est arrivé qu'une statue grecque soit montée sur une tombe romaine, qu'un buste de jeune homme soit placé sur le sarcophage d'une jeune fille, et vous vous dites tout bas que sans doute ils auront été troublés dans leur sabbat nocturne, et qu'ils seront restés pêle-mêle à la place où ils se trouvaient, sans avoir eu le temps de se reconnaître.

Cependant, n'ayez crainte, allons toujours : admirez sur la tombe d'un soldat pisan ces deux belles images de Castor et Pollux ; sur la tombe d'un saint évêque, remarquez, je vous prie, les Grâces qui dansent ; et alors malgré vous, vous vous rappelez ces vers d'Horace :

> Jam Cytherea choros ducit Venus, imminente lunâ :
> Junctæque Nymphys, Gratiæ decentes...

Plus loin, sur un piédestal où il est question de Jacopo d'Appiano, Jacopo, je ne sais qui, se tient un buste de Junius Brutus, ce fondateur d'une république tout aussi morte que la république de Pise ; près du Brutus, deux lions supportent un sarcophage ovale, singulière forme à donner à une tombe ; dans cet ovale est enfermé le corps d'un guelfe de Pise ; dans un sarcophage voisin est contenu le corps d'un gibelin de Pise, surmonté d'une légère colonne chargée du turban de Mahomet.

Il y a même tout le frontispice d'un temple de Diane ; au-dessus de ce bloc de marbre se tiennent debout les deux apôtres saint Pierre et saint Paul ; ils jettent un regard sévère sur l'*Endymion* endormi. — Il y a aussi quelques marbres nouveaux parmi ces vieux marbres, un tombeau sculpté par Torwaldsen, cet homme beaucoup trop vanté. Il suffit de comparer cette tombe par Torwaldsen, au tombeau voisin du sculpteur Thomas de Pise, exécuté par ses élèves. — Mais voyez donc l'étrange chose, à côté de Thomas, l'artiste croyant, enterré là par ses élèves, voyez ce grand monument plein de faste. — Avons-nous bien lu le nom que porte ce marbre ? — *Algarotti !* le Vénitien goguenard aimé de Frédéric II, l'Italien qui copiait Voltaire, l'incrédule ordinaire de S. M. le roi de Prusse, enterré en terre sainte, et par qui enterré ? Par le roi de Prusse lui-même qui a fait son inscription : — *Algarotto, Ovidii œmulo, Fredericus magnus.*

Il y a encore parmi ces morts d'hier la belle comtesse Schouvaloff, morte si jeune et si belle il y a déjà vingt ans; elle dort entre deux jurisconsultes célèbres du quatorzième siècle; et tout en face, tout au bout de cette longue avenue de cercueils pleins ou vides, qui donc a été assez hardi pour s'étendre dans cet admirable sarcophage sur lequel un ciseau grec a représenté toute la *Phèdre* d'Euripide? Même on dirait que c'est mieux encore que la *Phèdre* d'Euripide ; on dirait, à l'élégance de ces personnages, à la beauté de ces visages, que l'artiste a été inspiré par la *Phèdre* de Racine. Qui donc s'est endormi dans ce marbre sans prix, fait sans doute pour un des rois qui étaient devant Troie? C'est une reine qui a confié à cette urne sa dépouille mortelle. Dans ce sarcophage, Béatrice, la mère de la comtesse Mathilde, a voulu dormir. Elle a envoyé chercher cette urne païenne dans le temple de Bacchus, et elle repose là-dedans, comme repose Clément XII dans la tombe d'Agrippa. — A quoi tiennent les chefs-d'œuvre ! C'est pourtant ce sarcophage d'un auteur inconnu qui a éveillé le génie de Nicolas de Pise. Sur ce sarcophage, un des plus beaux marbres de l'antiquité, est représentée une chasse d'Hippolyte, fils de Thésée. Et voilà sur quel modèle Nicolas devina le style des statues antiques, et apprit comment se pose une figure, comment on l'anime, et en un mot tous les secrets de cet art inconnu qu'il devait enseigner à tant d'autres. C'est ainsi qu'en lisant quelques vers de Malherbe, La Fontaine s'est senti un poëte. — La belle chaire que nous admirions tout à l'heure dans le baptistaire de Pise n'a pas d'autre origine que le tombeau d'emprunt de la comtesse Béatrice. — *Anno Domini 1116.*

La nuit se passe bien vite dans ces évocations solennelles. Cependant vous entendez toutes sortes de murmures. Les cyprès balancent leur noir feuillage, le vent gémit sous les arceaux gothiques, la mer mugit au loin ; dans une chapelle latérale, une lampe allumée éclaire un Christ sculpté ; le Christ, plein de douleur et de pardon, traîne sa croix dans la voie douloureuse ; au dehors chante de temps à autre le rossignol de Juliette, venu de Vérone à Pise ; de ce fouillis de ronces, s'élancent tout à coup des milliers d'étincelles volantes, léger phosphore ! A coup sûr, ce sont les âmes des morts ! En même temps, la lune, du sommet de la tour penchée, jette ses rayons vacillants sur les murailles, et soudain flottent autour de vous toutes ces images chrétiennes ou profanes, échappées au pinceau de tant de grands maîtres : c'est l'heure de la résurrection universelle. Quelle épouvante et quelle joie ! Et le moyen, à la vue de tant de génie et de vertus enfouis là, de ne pas croire à cette parole du souverain pontife qui consacra le *Campo-Santo* : — *Si quis in isto Campo Sancto sepultus fuerit, vitam possidebit æternam.*

Le lendemain, j'étais à Florence, — au milieu de cette ville sans rivale dans le monde, qui a produit Dante, Michel-Ange, Galilée et Machiavel.

V.

Et maintenant que nous sommes arrivés dans ces nobles murs qui nous appellent, au milieu de ces chefs-d'œuvre que le monde adore, dans cette ville sans rivale parmi les villes italiennes; maintenant que nous sommes enfin à Florence, parlons de Florence et parlons-en tout à notre aise ; parcourons lentement ce vaste musée, tout rempli de souvenirs et de merveilles, car ce n'est plus là une ville comme toutes les villes de ce monde, et tout occupée de l'avenir; le passé seul est sa vie : pour elle, espérer c'est se souvenir. Elle a tant vécu autrefois, et en si peu de temps, qu'à cette heure elle a devant elle un repos de plusieurs siècles, tant elle a accompli à la fois toutes les destinées des villes, tant elle s'est rassasiée tout d'un coup de libertés et d'esclavage, de victoires et de défaites, de prospérités et de misère. Ville étrange qui a servi de passage à toutes les grandes idées qui ont fondé la gloire, la prospérité, l'expérience de l'histoire moderne! Aussi, quand au sortir du *Campo-Santo,* à Pise, je l'ai aperçue de loin cette admirable ressuscitée des révolutions et des tempêtes, j'ai oublié à l'instant même le peu que je savais déjà de l'Italie. Ce grand nom de Florence sonne plus haut à mon esprit et à mon cœur que le nom de Rome elle-même, la ville éternelle. Rome, en effet, c'est le tombeau solennel du vieil univers païen; Florence, c'est le glorieux berceau du monde nouveau, à l'instant où l'Europe chrétienne s'éveillait aux beaux-arts et commençait à reconnaître par un sourire Dante et Michel-Ange, comme fait pour sa mère le jeune Marcellus dans Virgile. Florence c'est la mère-patrie de toutes les poésies, de tous les arts qui ne sont ni la poésie, ni les arts de l'antiquité. Elle a découvert, tout comme Christophe Colomb, son nouveau monde; non pas seulement, comme le Génois, le monde des diamants, de l'or, des esclaves et des perles, mais le monde à part des intelligences, errant pêle-mêle, au hasard, dans la poussière et dans la nuit du moyen âge. La première elle a poussé ce grand cri qui a réveillé Michel-Ange et Galilée, et déchiré du haut en bas non pas le voile du temple, mais des ténèbres bien autrement épaisses, la barbarie. Aussi, prêtez l'oreille, et de cette terre silencieuse vous entendrez sortir des harmonies divines. Ouvrez les yeux, et devant vous va se dresser une ville tout entière sculptée, et gravée, et peinte par la main des plus grands génies; sur ces portes toutes grandes ouvertes, sur ces remparts inutiles où se lit doublement le nom de Michel-Ange, comme soldat et comme architecte, interrogez l'histoire; et soudain vous verrez se dresser devant vous tout ce peuple de héros turbulents et occupés, démocrates violents, avec tous les nobles besoins des grands seigneurs, marchands d'or qui savaient manier le fer, aussi ardents à fomenter une révolte qu'à bâtir un chef-d'œuvre; Gibelins sans crainte, Guelfes sans peur, couverts de sang les uns et les autres, ce qui les rend également innocents; fondant, au milieu de tous les tumultes de la place publique, les mêmes arts que les paisibles Athéniens d'Aspasie ou de Périclès ont eu tant de peine à fonder. Tel est ce peuple, qu'on pourrait appeler *les Étrusques du moyen âge,* et qui a jeté de son vivant plus d'idées nouvelles, plus de grandes passions, plus de chefs-d'œuvre, que n'en ont produit à elles toutes, dans le même espace de temps, toutes les nations de l'Europe chrétienne.

Telles étaient mes pensées en approchant de Florence. Chemin faisant, j'avais relu avec la passion d'un néophyte le beau livre de M. Delécluze, sincère et savant écrivain s'il en fut; et comme c'est là une histoire simplement et savamment écrite, remplie de faits et de modération, je la savais par cœur. L'histoire a cela de particulier qu'elle rend la vie, le mouvement, la passion à toutes les cendres éparses qu'elle recueille dans sa main puissante ; elle sème autour d'elle toutes sortes de débris, et ces débris, comme les pierres de Deucalion et de Pyrrha, se changent aussitôt en autant d'hommes qui marchent et qui pensent. Mais quel n'est pas l'intérêt tout-puissant ajouté à ce drame, quand vous vous trouvez soudain sur le théâtre même où il s'est passé! quand vous vous dites à vous-même : — Voilà le champ de bataille! — Voilà la tribune ! — Voilà la prison ! — Voilà le trône! — Voilà l'autel ! — Voilà l'échafaud ! A ce propos, j'avais oublié de vous dire qu'en revenant du *Campo-Santo* de Pise j'avais passé au pied de la *Tour de la faim:* à ce moment la lune était sanglante, je ne sais quelle clarté funèbre s'exhalait de ces sombres murs; il me semblait que j'entendais des dents humaines grincer sur un crâne vide! Il n'y a pas de poésie écrite qui puisse rendre cet effet-là.

Florence ! voilà donc Florence devant nous ! Figurez-vous uu palais de pierres légèrement posé sur des fleurs, si bien que les fleurs la portent sans courber la tête, cette noble maison, musée au dedans, forteresse au dehors. Elle a été bâtie en effet sur un champ de lis et de roses, sans étouffer ni les roses ni les lis. Elle s'abrite en véritable Italienne câline et coquette, entre deux collines chargées d'oliviers, de vignobles, de grenadiers en fleurs ; elle a, pour admirer sa beauté doucement hâlée, l'Arno aussi fier et non moins élégant que la Seine parisienne. Vue de loin, vous vous écriez : — *La grande ville !* tant vous voyez se dresser devant vous de tours bruyantes, de clochers qui sonnent, de dômes étincelants, de sommets sans nombre, cette parure des plus grandes cités qui manque si fort à Paris. Ainsi, vous pénétrez dans une longue suite de maisons ou plutôt de citadelles, et, mieux encore que vous ne l'avez compris dans la ville de Gênes, vous comprenez, cette fois, ce que c'est qu'un grand architecte. Cette fois, point de parure extérieure, point d'ornements, point de peintures ; mais des murailles sévères qu'on dirait de granit, des maisons inviolables d'une seule pierre noire qui se perdent on ne sait où. Le toit avance dans la rue, la fenêtre est étroite et haute, la porte est épaisse ; levez la tête, voyez-vous ces créneaux menaçants ? Sur la muraille est gravé encore l'écusson du maître. C'est qu'à chacune de ces fenêtres on s'est battu ! C'est que du haut de ces créneaux ont été précipités des hommes ! C'est que dans ces rues étroites se sont entrechoqués les citoyens ! C'est que ces murailles ont été les témoins de bien des tragédies sanglantes, et qu'il a fallu les tailler ainsi dans le roc vif pour qu'elles ne fussent pas démolies par le sang. Que de fois ces portes massives se sont ouvertes pour la prison, pour la mort, pour l'exil ! En ce temps-là le père de famille ne disait pas : *Mon foyer domestique*, il disait : *Ma citadelle domestique*. Ces gens-là vivaient les armes à la main, la haine dans le cœur. En fait de républiques, ne me parlez pas des petites républiques et des égalités qui se coudoient ; elles se voient de trop près l'une l'autre pour ne pas comprendre toute leur misère et toute leur vanité.

Mais si les Florentins s'étaient contentés de s'égorger, de se piller, de s'exiler les uns les autres, d'élever, chacun de son côté, forteresses contre forteresses, en un mot de s'entre-dévorer comme des loups furieux, où donc en serait toute leur histoire ? On eût fait la chasse à ces bêtes fauves, on les eût traquées dans leurs tanières, ont eût fait justice à la fois de la bête et de son repaire; et tout eût été dit. Heureusement le sentiment de la liberté commune imposait silence aux jours du danger à ces Gibelins et à ces Guelfes, et alors ils se réunissaient dans les mêmes périls. Plus tard, fatigués de l'aspect monotone de leurs citadelles, ils pensèrent à élever des édifices publics où chaque regard affligé pût se distraire en contemplant des chefs-d'œuvre qui étaient le bien de tous. Ceci soit dit à la gloire des anciens citoyens de Florence; ils ont été moins égoïstes que les républicains de Gênes. Ils ont paré non pas leurs demeures particulières, mais leur ville. Pendant que les Génois habitaient de riches palais dans une ville sans monuments, les Florentins habitaient des palais vides dans une ville remplie de chefs-d'œuvre. Ils savaient que l'homme passe et que la ville reste. Ils consentaient bien à se démolir les uns les autres; mais à aucun prix ils n'auraient effacé d'une muraille publique un nom, une armoirie, fût-ce le nom d'un traître, l'armoirie d'un vaincu. Ce peuple, turbulent sans mesure, s'arrêtait tout d'un coup pour construire une place publique où il pût être turbulent plus à son aise. Les différents corps de métiers, au milieu d'une bataille générale, convenaient d'une suspension d'armes pour se bâtir une église commune où chacun apporterait sa statue et son offrande. Ainsi, pendant que les maisons des particuliers faisaient tous les frais de ces guerres civiles, la cité s'embellissait de jour en jour. Personne n'était chez soi, la ville seule était chez elle. A elle seule appartenaient les architectes, les peintres, les sculpteurs de la république. Ces gens-là aimaient les arts à eux tous et pour eux tous; ils étaient en ceci de véritables phalanstériens, et en ceci ils étaient dans la vérité; car, en bonne conscience, on ne peut pas admettre qu'un homme soit le maître à ce point d'un tableau de Raphaël, qu'il le puisse détruire, ou même qu'il en doive jouir tout seul. Voilà ce que les Florentins avaient très-bien compris; voilà comment il se fait que cette ville, qui n'a rien détruit de ce qui était à elle, est si riche aujourd'hui en monuments de tout genre, pendant que tant de grandes villes de l'Europe sont si pauvres. Quoi d'étonnant en effet que nous soyons misérables à ce point-là, nous qui, à chaque révolution, avons brisé les temples, les palais et même les tombeaux ; nous qui nous croyons obligés, le lendemain, d'effacer les monuments de la veille, nous qui avons coupé quatre ou cinq fois, aux angles du Louvre, l'aigle ou la fleur de lis! A Florence, dans la cour de la prison, j'ai vu encore entiers les écussons sans nombre de tous les podestats de la république. A Florence, sous les créneaux du *palais vieux*, brillent encore neuf écussons qui, en France, depuis 1298 auraient été effacés cent mille fois au moins. L'écusson gibelin, un lis rouge sur champ blanc; l'écusson guelfe avec les clefs du saint-siége; l'écusson du duc d'Anjou et du roi de Naples, les armoiries du duc d'Athènes, les outils des cardeurs de laine, les six balles des Médicis, les armoiries de Napoléon, et enfin celles des grands-ducs de la maison d'Autriche.

Parmi tous ces écussons des maîtres éphémères de la république florentine, certes celui qui eût été effacé avec le plus de frénésie, chez nous autres Français et philosophes, c'eût été le monogramme de Notre-Seigneur Jésus-Christ, nommé roi des Florentins en 1527. Le Christ, lui aussi, a l'honneur d'avoir son écusson royal entre celui du duc d'Athènes et des cardeurs de laine. Ainsi, d'un coup d'œil, vous pouvez embrasser toute cette histoire que ce peuple a respectée comme il a respecté tous les monuments de sa ville. Nation intelligente, celle-là, la seule nation de ce monde qui ait compris qu'on ne brise pas l'histoire, que la plus grande fureur populaire n'en saurait effacer une seule ligne. Je ne crois pas qu'il y ait l'exemple d'une telle modération dans aucun peuple de l'univers.

Puisque nous voilà en présence du *vieux palais*, occupés à considérer toute cette histoire, voulez-vous que nous fassions halte un instant? La place est fortifiée et parée, ce sont de hautes murailles qui protégent des chefs-d'œuvre. Michel-Ange s'y montre à côté de Médicis, non loin de Raphaël, qui a voulu bâtir une des maisons de cette place. L'art et la politique se mêlent et se confondent dans cette enceinte si remplie. Là, chaque marbre a un sens, chaque colonne est un souvenir. Le palais est à la fois une forteresse, une demeure royale, une chambre pour les orateurs, un champ-clos pour l'émeute, un *forum* pour faire des lois, un musée. Ses hautes murailles menaçantes sont protégées par une tour du haut de laquelle, aux jours de guerres civiles, sonnait le beffroi populaire. Chaque son de la cloche terrible faisait vibrer jusqu'à la rage ces cœurs aujourd'hui si tranquilles. Au pied de la tour se tient encore le lion de pierre, une fleur de lis dans ses griffes, impassible témoin de tant de révolutions de cinq cents années ; sur le devant de la tour, et comme si vous assistiez à la lutte de deux géants, se dresse le *David* colossal de Michel-Ange ; naturellement c'est la tour qui est écrasée par la statue. Comme pendant au *David*, vous avez l'*Hercule* de Bandinelli : vous diriez du frère exagéré et grand encore du *David*. En même temps, la fontaine de l'*Ammonato* jette son eau dans les bassins de marbre que supportent quatre chevaux d'airain ; vous diriez un des Neptunes des jets d'eau de Versailles. Dans le fond de la place et toujours du même côté que le *David*, le grand Orgagna, l'architecte du *Campo-Santo* de Pise, a élevé ces belles arcades sous lesquelles le peuple de Florence venait parler, les armes à la main, des intérêts de la République. On dit que ce portique est le plus beau portique du monde. Nous autres Parisiens, qui ne connaissons guère que les arcades du Palais-Royal et de la rue de Rivoli, nous ne saurions nous faire une idée d'un pareil monument en plein air, ouvert à tous, et cependant si complet que tout un peuple, rassemblé sous ces arcades, pouvait se dire : *Je suis chez moi !* L'architecture n'a guère exécuté de plus grandes choses, car rien qu'à se promener sous ces arcades, on ressent je ne sais quel bien-être intime qu'on ne rencontre guère que dans les plus beaux salons de Gênes ; du reste la *Loggia* est ornée comme le salon d'un prince. C'est pour elle que Donatello a exécuté sa *Judith;* que Jean de Bologne a taillé sa *Sabine enlevée*, marbre admirable, tout rempli d'une passion brutale. Pour elle aussi Benvenuto Cellini, ce grand artiste à main armée, cette espèce de bandit ciseleur qui parait son poignard comme il eût paré sa maîtresse, a fondu son *Persée,* et il vous a raconté dans ses *Mémoires* avec quelles transes infinies. Ce chef-d'œuvre de Cellini est accompagné de deux bas-reliefs où vous retrouvez toute la délicatesse de l'orfèvre florentin. Remarquez aussi les bas-reliefs des *Sabines* de Jean de Bologne, et les bas-reliefs de la statue de Cosme. Ces Florentins ont prodigué l'art, grand et petit; ils n'ont jamais su s'arrêter quand il fallait parer leur ville, leur maîtresse souveraine et bien aimée. Ces petites statuettes, d'un demi-pied, à côté du *David* colossal, ne perdent rien de leur délicatesse, tout comme elles ne font rien perdre au géant voisin, de sa grandeur. Comme je vous le disais tout à l'heure, pour compléter tout cet ensemble, s'élève au milieu de cette place la statue équestre de Cosme Ier, par Jean de Bologne. Ne vous lassez pas d'entendre toujours les mêmes grands noms à propos des chefs-d'œuvre d'une même ville. En ce temps-là, quand une ville avait reconnu un grand artiste, elle s'abandonnait à lui corps et âme, et lui, il passait sa vie à l'embellir. Jean de Bologne et Michel-Ange ont fait pour Florence ce que Nicolas et son fils Jean ont fait pour Pise. Non-seulement ils l'ont faite belle, mais encore grande et riche. Fer pour fer, quand il s'agit de la gloire et de la durée des villes, mieux vaut cent fois le ciseau du sculpteur que l'épée du conquérant.

Que si cette place vous paraît inégale, et si vous trouvez que la tribune est isolée du palais, et que la *Loggia* n'appartient pas assez à tout cet ensemble, et que ces statues, détachées l'une de l'autre, manquent d'un lien qui les unisse entre elles, et qu'enfin ceci est, à tout prendre, une place inachevée, prenez-vous-en à la volonté de ce peuple qui n'a pas voulu bâtir sa tribune sur l'emplacement de deux maisons qu'il avait rasées. C'est la première et l'unique fois peut-être que Florence n'a pas sacrifié ses haines politiques au désir de s'embellir.

Malgré tout son désordre apparent, cette place du Grand-Duc vous attire, vous fascine en dépit de vous-même. Vous allez de l'une à l'autre statue. Vous regardez de loin le passé, vous vous approchez des bas-reliefs, vous vous tenez debout à la tribune, vous parcourez la *Loggia,* vous admirez sous ces créneaux ces écussons immobiles. Que ne donneriez-vous pas à cet instant pour voir cette ville étrange, animée, comme à ses plus beaux jours, de passions violentes, de colères puissantes, d'acharnements héroïques ? La république, l'oligarchie, la monarchie florentine vivent encore sur ces murs. Soyez attentifs, vous retrouverez les traces de leur passage : coups d'épée, coups de poignard, paroles sonores, éloquence impérieuse, vociférations des populaces, abaissement des grands, abaissement du peuple, grandeur des uns et de l'autre; ville si grande par ses passions que Charlemagne a voulu rebâtir en petit sur le modèle de la Rome antique, et qui a mérité cet honneur à force de révolutions, d'intelligence et de génie. A peine s'appelait-elle Florence, que la comtesse Mathilde la donnait au pape, et qu'elle entrait dans les guerres cruelles des Gibelins et des Guelfes, qui ont produit chez nous la Saint-Barthélemy et la reine Catherine de Médicis. Florence a grandi dans les désordres, elle a grandi par la guerre civile. Plus ces républicains se sont massacrés entre eux, et plus ils ont été puissants et forts. C'est l'histoire des hommes nés du serpent de Cadmus. Jamais pareils désordres ne se sont manifestés dans aucune histoire, suivis de pareils résultats. Ces Florentins ont commencé par le brigandage, comme les Romains; ils ont brûlé Fiésoles, qui leur faisait ombrage, et de cette ville puissante ils ont fait une mai-

son des champs. Ils se sont élevé des tours avant de
se bâtir des maisons. Contrairement à tous les peuples du monde, ils ont commencé par le palais pour
finir par la chaumière. Ils ont été des marchands
avant d'être des soldats ; puis ils ont été des artistes,
puis ils se sont battus comme des peuples qui n'auraient jamais ni construit un temple, ni exécuté un
tableau. Ils ont été des cardeurs de laines-princes-
souverains; ils ont été gentilshommes-changeurs-orfèvres-gaîniers; ils ont tout fait, tout tenté; ils ont
réussi à toutes choses, excepté à se faire des lois; et
cette ignorance des lois, qui eût perdu toute autre
nation, a servi celle-là. On reste confondu d'admiration quand on songe que de cette république perdue
dans le dédale des républiques italiennes sont sortis
toutes les sciences, tous les arts, toutes les idées, sur
lesquels a vécu et vit encore l'Europe moderne. On
voudrait pouvoir s'agenouiller devant cette patrie de
la poésie, de la politique, de l'histoire, de la science,
des beaux-arts, et la remercier, les mains jointes, de
tant de bienfaits ! Bien plus, elle a non-seulement
donné l'éveil au monde moderne, mais elle a sauvé,

tant qu'elle a pu, l'ancien monde. Courageuse et dévouée, et déjà sceptique dans son christianisme (le scepticisme, enfant légitime des guerres civiles), elle a osé proclamer la première que les ruines de l'univers païen étaient saintes et respectables ; elle a fouillé dans ces nobles débris avec une vigilance et une admiration sans égales. Pendant que Venise rapportait la peinture de Constantinople, pendant que les Pisans rapportaient l'architecture de la Syrie, Florence remontait plus haut que Constantinople, sans se perdre dans l'art bâtard de l'Orient plus reculé ; Florence remontait jusqu'à Rome, et de Rome jusqu'à Athènes. Et quel instant solennel, quand, au plus fort de ses études, après tant de changements si brusques, après avoir subi tour à tour le joug des empereurs et celui des papes, et celui des nobles, et celui du peuple, elle se reposa dans sa richesse et dans sa liberté, quand elle entendit cette voix qui parle, *vox clamantis !* quand elle entendit la voix du Dante lui révéler à la fois le passé, le présent et l'avenir !

Ainsi donc la ville appartient à la fois à l'antiquité

par ses études, aux temps modernes par ses découvertes ; elle touche d'une main à Phidias, de l'autre main à Michel-Ange ; elle est la fille de Dante et d'Homère ; elle a eu foi en même temps à Jupiter et au Dieu de l'Évangile ; elle a retrouvé la Vénus enfouie dans la terre, le même jour où Pétrarque trouvait la langue italienne enfouie dans *la Divine Comédie.* Elle a précédé de trois cents ans, dans la culture des beaux-arts, tous les autres peuples de l'occident et du nord, dont les yeux restaient fermés à cette grande lumière. La première des nations modernes, elle a été éloquente, passionnée, poétique, élégante, amoureuse, parée ; elle a porté la première robe de soie, le premier manteau de velours, la première armure ciselée. — Elle a été la reine du monde ; reine par l'éclat, par la grâce, par le langage, par la jeunesse, par la beauté.

Mais que nous voilà loin du vieux palais ! L'architecte Arnolpho di Lapo, élève de Nicolas de Pise, a donné le premier projet de ce Forum couvert. C'est le plus vieux monument républicain de Florence, et cependant rien n'y manque, ni les tableaux, ni les statues, ni les plafonds. Le moine Savonarole en personne, ce Junius Brutus sous le froc, présida à la construction de cette vaste enceinte qui pourrait contenir dix mille énergumènes calmes. Les murailles, à peine élevées, ont été couvertes de tableaux en l'honneur de Florence. Un de ces tableaux rappelle le fait suivant qui n'étonne guère dans la ville de Machiavel : Sur douze ambassadeurs, envoyés de divers côtés de l'Europe à Boniface VII, douze étaient Florentins. Parmi les statues on distingue *l'Adam et l'Ève*, de Bandinelli, et *la Victoire*, de Michel-Ange. Singuliers républicains qui ne pouvaient délibérer sur les affaires de l'état qu'en présence de chefs-d'œuvre dignes des rois !

Dans cette enceinte muette et vide aujourd'hui, que de révolutions! que d'émeutes! quelles colères implacables : vainqueurs, vaincus, Gibelins, Guelphes, juges, bourreaux, victimes, bourgeois, commerçants, banquiers, soldats, ils arrivaient tous, dans cette chambre, poussés par les passions du moment, et ils se débattaient les uns sur les autres au hasard, sans frein, sans loi, sans motif! Nobles et démocrates, ils se voyaient là face à face, se renvoyant, à qui mieux

mieux, la haine et l'injure. Puis, tout d'un coup, et sans raisons apparentes, on passait de la haine à l'amour, de la rage à la joie ; et alors c'étaient des fêtes sans fin, des réjouissances privées et publiques, des hymnes, des processions, des spectacles, des feux de joie ; ces hommes furieux la veille, le lendemain parcouraient la ville couronnés de fleurs, à la tête d'un chef qui s'appelait l'*Amour*. Il faisait venir de toutes les parties de l'Europe des danseurs, des saltimbanques, des bohémiens, des rôtisseurs. Ils jetaient leur argent dans les rues, comme si ce n'eût été que leur sang. — Telle était la Florence du treizième siècle, sanglante et folle de joie, usant autant de manteaux brodés que de poignards, préparant ainsi à l'avance toutes sortes de cruautés et de licence pour la peste qui allait venir.

Dans cette salle où nous sommes ont passé tour à tour le duc d'Athènes, Gauthier de Brienne, espèce d'intrigant devenu, on ne sait comment, roi de Florence. Celui-là chassé, commencèrent à se montrer les Médicis, usurpateurs légitimes de Florence ; pourtant c'était le temps où le peuple disait au noble qui lui convenait : *Je te fais peuple,* sauf à le refaire noble s'il se conduisait mal. Remarquez, je vous prie encore, que cette monarchie des Médicis a commencé par un républicain, Sylvestre de Médicis. A Sylvestre succéda le cardeur de laine Lando, homme de génie et de courage, sorti des derniers rangs du peuple. Au reste, c'était l'heure des affranchissements populaires dans toute l'Europe; l'heure heureuse ou fatale de Guillaume Tell et d'Artewel, de Nicolo de Rienzi et de Marino Faliéro; l'heure de la jaquerie en France, la révolte des *ciompi* (compagnons) à Florence, l'insurrection de Wat-Tyler et de Jack-Straw, en Angleterre.

Ici s'arrête l'histoire du *vieux palais* : quand les Médicis se montrent, la république n'habite plus cette enceinte; ce palais de tous n'est plus que le palais des Médicis. Cette famille avait apporté en naissant je ne sais quel besoin de domination et d'éclat qu'un trône seul pouvait satisfaire. Il me semble qu'on a trop fait pour elle, en lui donnant la première place dans la civilisation de Florence : c'est à Dante que cette place est due, et ensuite à Galilée; les Médicis ne viennent qu'après. Ils ont eu l'honneur de fonder le Musée de Florence, mais ils ne lui ont rien donné de plus. Jean de Médicis fut un marchand habile; Cosme de Médicis fut un bourgeois hardi et cruel; il fit autant de proscrits que Sylla, et on l'appela *père de la patrie* dans un moment d'enthousiasme, comme Louis XV fut appelé *le Bien-Aimé;* Pierre, fils de Cosme, fut servi par le poignard des assassins qui le manquèrent; Emmanuel-le-Magnifique fut servi par l'assassinat de Pierre son frère; à cette fenêtre du vieux palais, il a fait pendre l'archevêque de Pise, Francesco Salviati. Laurent fut le Louis XIV bourgeois du quinzième siècle. Après lui, l'exil vint retremper cette famille; Savonarole, ce républicain de la vieille roche tarpéienne, jeta l'anathème sur ces élégants et spirituels usurpateurs de la liberté; il tenta, lui, le premier, de s'opposer à ce despotisme entouré de tant de séductions: le moine tint ferme contre le prince; il attaqua les Médicis dans toutes les passions qui les rendaient populaires, brisant les chefs-d'œuvre de marbre ou d'airain, déchirant la soie et le velours, entassant dans un bûcher républicain les armoiries, les ciselures, les livres des poëtes, toute cette parure royale dont *le Magnifique* avait surchargé Florence ; mais Florence, semblable à une courtisane dont le repentir est fugitif comme la vertu, revint bientôt à ce vice qu'elle aimait : elle brûla son moine comme elle avait brûlé ses voiles et ses dentelles, et elle revint au prince qui la parait si bien. C'est alors que se montre dans une ombre prudente Machiavel, cet homme qui est dans son genre un aussi grand inventeur que Galilée l'est dans le sien. Machiavel a trouvé, non pas la politique, mais la diplomatie, le complément indispensable de la politique moderne. Esprit souple et flexible, il a formulé le premier une triste vérité que le temps n'a que trop démontrée, l'inutilité de la bonne foi et de la probité entre les divers états de l'Europe. Il a poussé la prudence jusqu'à la trahison inclusivement ; il a trouvé une explication à tous les crimes de son temps, et même aux crimes des Borgia. Il a eu tous les genres de courage, jusqu'au plus facile de tous les courages en ces temps barbares, subir la torture sans se plaindre, et comme une impitoyable nécessité.

Non, ne cherchez pas les Médicis dans le *vieux palais,* ne les cherchez pas sur la place publique, cherchez-les dans leur Musée, dans leurs demeures royales, dans leurs tombeaux ; cherchez-les surtout à la cour de Rome, quand Léon X et Clément VII, ces Médicis couronnés les premiers, firent subir à Florence leur éclatante protection.

Pour mieux dire et pour tout dire, Florence n'a qu'un maître, un seul fondateur, un roi légitime : Dante Alighiéri !

VI.

DANTE. — LA CATHÉDRALE. — LA BIBLIOTHÈQUE. — LA GALERIE.

Oui, c'est Dante qui est le souverain maître de Florence et de cette grande époque de l'esprit humain qu'on appelle *la renaissance*. A sa voix s'est réveillée l'Italie moderne, comme s'est réveillée la Grèce antique à la voix d'Homère et de Pythagore. Il a célébré, lui aussi, la patrie et la croyance, les dieux et les héros; lui aussi il a été le créateur de la langue qu'il a parlée. Cet homme savait toutes choses ; il savait la théologie comme Savonarole, la politique comme Machiavel ; il avait lu Aristote et Platon ; il était peintre, il était musicien, il était orateur, il était soldat, en un mot c'était un poëte à la taille d'Homère. Il a commencé par doter sa patrie d'une langue, ce qui est le plus grand don qu'un homme puisse faire aux hommes. Et depuis cinq cents ans, la poésie du Dante est vivante ! Et depuis cinq cents ans, toute génération qui a passé sur cette terre a appris par cœur ce poëme conçu au milieu du sang, du carnage, de l'incendie, de toutes les fureurs des guerres civiles, écrit dans l'exil. Dans ce poëme où il a déposé son esprit, son âme, son cœur, Dante a fondé, sans le savoir, toute cette grande école florentine, qui n'a pas son égale sous le soleil. Il a révélé à son siècle les mœurs, les lettres, les sciences, les beaux-arts ; il a remué si profondément cette nation de républicains, que tout d'un coup ils se sont tirés par un effort incroyable de la barbarie et des ténèbres du treizième siècle. Son livre a été à la fois le premier et le dernier mot de cette histoire. Il a trouvé la langue de la religion, de la morale, de la politique, de la satire. Lui qui a creusé un si terrible enfer, le seul enfer dont on ait peur, il a tiré de l'enfer chrétien Homère, Horace, Ovide, Lucain, la victime de Néron, Énée, le héros de Virgile, et César qu'il a replacé dans le ciel de Virgile, et, à côté de César, Brutus; donnant ainsi de son côté un démenti à l'Évangile qui les damnait, ces grands hommes de l'antiquité. Dante a donc sauvé du feu éternel l'âme du monde païen, tout comme Léon X, plus tard, a sauvé tant qu'il a pu ses ruines matérielles : double résurrection; mais celle du Dante fut la plus courageuse. Toutefois laissons au Dante et à Léon X le double honneur de cette résurrection. A eux deux ils ont dit au Lazare païen : *Lève-toi et marche!* Chacun a eu sa part de ce bienfait; Dante a gardé pour lui l'âme du mort ressuscité; les Médicis ont gardé pour eux le marbre et les sculptures de son tombeau.

Cet homme, tombé du ciel dans l'Italie du moyen âge, a jeté la vive lumière de sa poésie sur toutes ces ruines amoncelées. Il a montré le premier, à ces Italiens éblouis, quel admirable parti se pouvait tirer

de toutes ces ruines ; historiens, poëtes, artistes, monuments de l'antiquité, précieux débris épars çà et là, au hasard, dans cet horrible pêle-mêle de l'incendie et du naufrage. Et de cet aspect lamentable, Dante a tiré cette conclusion puissante : Non pas qu'il fallait refaire l'antiquité, mais qu'il fallait inventer quelque chose qui pût être l'antiquité à son tour. Dante le théologien savait trop bien qu'on ne relève pas les croyances épuisées comme on relève la colonne d'un temple brisé ; aussi dit-il à son siècle :
—Ayons à notre tour des poëtes, des architectes, des historiens, des philosophes, des sculpteurs. Soyons des ancêtres ! Arrangeons à notre taille ce qui pourra nous servir dans l'ancien monde poétique ; mais, loin d'obéir à ces ruines, forçons les ruines à nous obéir. Déjà vous avez vu l'influence de cet homme sur les monuments de Pise, dont il inspirait les grands artistes ; son influence n'est pas moins grande sur les monuments de Florence. Dante est en effet, à trois siècles de distance, le père de Michel-Ange, qui eut l'honneur de fermer, trois cents ans plus tard, cette époque de la renaissance que Dante, son maître, avait

ouverte. Quel homme celui-là encore ! Tout enfant, Politien lui avait appris à lire dans la *Divine Comédie*, dont il avait épousé toutes les doctrines ; il ne voyait dans tout Florence que le Dante. Républicain sincère, chrétien plein de foi, imagination lente et calme, exécution vive et hardie, il a vécu seul, sans autre famille que ses élèves, sans autre maîtresse que sa Florence. Dans cette foule de trafiquants, de fabricants et de changeurs, Michel-Ange n'a aimé, n'a estimé que les artistes. Il coudoyait ce peuple de marchands sans les voir ; il eût pensé que c'était au-dessous de sa dignité de les honorer de son mépris. Jusqu'à la fin de la dernière de ses quatre-vingt-dix années si remplies, Michel-Ange a été l'esclave du Dante, lui que Jules II, le pape inflexible, avait eu tant de peine à dompter ! Il a résisté à la fois aux Médicis et à l'Arioste. Républicain comme l'avait été Dante, son maître, il porta dans la Rome corrompue et corruptrice non-seulement le dôme de Saint-Pierre de Rome, et les fresques de la chapelle Sixtine, mais encore les mœurs austères et la liberté de l'antique Florence. Lui aussi, Michel-Ange, il a fait son Enfer, et toujours, à l'exemple de son maître, il a placé dans cet enfer les vicieux et les coupables, c'est-à-dire les amis licencieux et sanglants de Paul III. Après avoir transporté sur la pierre et creusé dans le marbre la poésie du Dante, il a transporté la philosophie du Dante dans les vers qu'il écrivait vers la fin de sa vie, l'admirable vieillard! A cette heure suprême, Michel-Ange, revenu de toute illusion, et même de la gloire, pleure sur lui-même et sur Florence. Seulement ce qui le console et le rassure, c'est le culte si chaste et si pur qu'il a voué à la beauté dans l'art; car lui aussi, Michel-Ange, il avait sa Béatrice inconnue, adorée, qui le menait au ciel par des chemins semés d'étoiles. Ainsi donc restez unis, dans le respect des nations et dans l'admiration du monde, vous les deux maîtres de la plus belle époque de l'esprit humain, toi, Dante, qui l'as commencée, et toi, Michel-Ange, qui l'as accomplie.

Donc, la ville de Florence se divise en deux architectes bien distincts, le Dante et les Médicis, les vieilles pierres crénelées de la république et les pierres plus élégantes de la monarchie. Sous l'inspiration du poëte se sont élevés tous les grands architectes, tous les grands monuments de la ville; sous la protection des rois de Florence, ont fleuri tous les talents merveilleux qui ont couvert cette belle cité de tant d'ornements divers. Il y a non loin du Dôme, la place d'un banc, sur lequel Dante venait s'asseoir; de ce lieu, il pouvait voir s'élever, peu à peu, cette église *del Fiore* qui a engendré Saint-Pierre de Rome, comme elle-même elle a été engendrée par l'église *della Spina* à Pise. C'est admirable à comprendre comment tous ces édifices géants de l'Italie se tiennent par un lien invisible. A Pise, sur les bords de l'Arno, l'architecte Nicolas, en se jouant, a pétri dans la pierre la plus ingénieuse petite cathédrale qui se puisse voir. C'est un chef-d'œuvre exquis de la miniature gothique. Sur ces murs si légers, Nicolas a jeté à profusion tous les caprices de son génie; il s'est servi de cette élégante ébauche pour enseigner à ses deux enfants, André et Jean, comment se tenait le ciseau de leur père. Vous croiriez que vous allez prendre l'élégant édifice dans votre main droite et l'emporter dans votre musée domestique. Eh bien! rien qu'à voir le Dôme de Florence, on comprend que l'architecte Arnolfo di Lapo a voulu exécuter en grand l'esquisse de Nicolas. Il a voulu entasser à son tour, mais dans un espace immense, les merveilles sur les merveilles. Cette place du Dôme, où le poëte venait se reposer chaque soir des méditations de la journée, est autant chargée de monuments que la place de Pise. Elle possède son Baptistère, son Dôme et sa Tour. Elle n'a pas de *Campo-Santo*. Le *Campo-Santo* de Florence, vous le retrouverez épars çà et là, dans les cloîtres, dans les églises, dans les places publiques. Vous vous heurtez à chaque instant contre une gloire, que dis-je? contre un mort.

Le Baptistère de Florence est un monument du moyen âge, tout resplendissant de la jeune parure de la renaissance. Il a trois portes en bronze, qui sont trois chefs-d'œuvre; la première de ces portes fut ciselée par André, fils de Nicolas, baptisé dans le royaume de son père. Après lui, et bien plus tard, la ville et la commune de Florence résolurent d'ajouter deux portes au *Baptistère,* et, après un concours qui dura une année, ces portes furent confiées à Lorenzo Guiberti : — *les portes du Paradis,* comme les appelait

Michel-Ange cent ans plus tard ! Sur cet illustre airain, l'artiste a passé quarante ans de sa vie ; il a reproduit, avec cette énergie si calme, toute l'histoire de l'Ancien Testament : dans les encadrements de cette histoire, il a placé le portrait de son père et le sien. Rien de plus charmant et de plus fin que ce bronze où se joue tout ce drame simple et naïf. Ève vient au monde portée par des anges ; Moïse reçoit les Tables de la loi ; Josué passe le Jourdain. Sur l'autre porte, la vie de Jésus-Christ commence ; parmi les miracles du Sauveur, vous retrouvez le Lazare imité par Raphaël. Vous figurez-vous Raphaël, ce beau jeune homme de dix-huit ans, debout devant ce bronze qui lui parle, et étudiant avec amour les compositions de Guiberti !

Mais cependant la cathédrale est là devant vous, non pas immobile, mais au contraire flottante dans l'azur du ciel bleu qui se reflète dans ses marbres. Vous êtes d'abord ébloui par cette apparition inattendue. La pensée du Dante n'a jamais produit une œuvre plus grande. La renaissance tout entière éclate sur ces murs ; cette fois l'art gothique est à jamais dépassé ; Byzance est vaincue, l'Orient est en fuite, l'œuvre nouvelle est accomplie. Je le crois bien, que Dante allait souvent s'asseoir à cette place où se devaient réaliser, l'un après l'autre, tous ses rêves. Le premier architecte du Dôme fut, qui pouvait-ce être ? Arnolfo di Lapo, puis le Giotto, puis Orcagna, puis enfin Brunelleschi, le vainqueur du Panthéon antique, le vainqueur de la coupole de Sainte-Sophie à Constantinople, et qui plus tard eut l'honneur d'être surpassé par cette coupole de Saint-Pierre de Rome, bâtie sur les dessins d'un enfant de Florence.

Comment vous décrire le Dôme, et que vous dire qui n'ait pas été dit mille fois ? Comment rester dans la vérité pour ceux qui l'ont vu, dans la vraisemblance pour ceux qui ne l'ont pas admiré encore ? C'est moins un temple qu'une ville. La muraille est couverte de marbre bleu et blanc, dans une symétrie parfaite; elle est chargée de statues, de bas-reliefs, de mosaïques. A peine entré dans cette vaste enceinte, vous êtes étonné de la trouver aussi grande au dedans qu'au dehors. Le jour tombe d'en haut, coloré par les vitraux, brisé par les colonnes, rejeté çà et là par la mosaïque éternelle qui s'étend au loin sous les arceaux comme fait la mousse verdâtre dans une forêt de chênes séculaires. Partout, autour de vous, il se fait un silence sans terreur, sans confusion. Vous comprenez même, dans ce frais crépuscule, que le soleil et son ardente clarté sont incessamment au-dessus de vos têtes. Dans ce désert peuplé, vous ne retrouvez aucune des inquiétudes qui s'emparent de l'âme au milieu des églises du Nord : car sous ces voûtes élégantes respirent doucement la Foi, la Charité, l'Espérance. D'ailleurs les habitants de ces solitudes sont couchés de toutes parts, à vos pieds, à votre droite, à votre gauche, dans leurs linceuls de marbre. Là s'est endormi le premier, au pied de son œuvre accomplie, Brunellesco ; à son côté repose Giotto, celui qui a élevé le clocher de l'église. Ange Politien lui-même, l'élégant latiniste, a composé son épitaphe. Il y a aussi sous le dôme un pêle-mêle de poëtes, d'orateurs, de soldats. Orcagna a représenté Pierre Farnèse à cheval sur un mulet ; cet Orcagna était aussi hardi que Bossuet, quand il vous représente *le brave comte de Fontaine porté dans sa chaise.* Il y a là aussi le Poggio, ce licencieux railleur. Sur la nef latérale est représentée la sévère image du Dante en robe rouge et se promenant dans la vieille Florence ; la coupole est chargée de peintures gigantesques ; le chœur est de marbre et se compose de bas-reliefs de Bandinelli, l'auteur des *Sabines ;* le maître-autel est surmonté d'une statue de la *Piété*, que Michel-Ange avait faite pour orner sa propre tombe. Au dôme est suspendue la méridienne dont le modèle fut donné par Paul Toscanelli, le conseiller privé de Christophe Colomb. Sur les portes de la sacristie éclate le génie de Luc de la Robbia, le Bernard de Palissi Florentin. Derrière cette porte se réfugia Laurent de Médicis que voulaient assassiner les Pazzi. Politien, l'ami de Laurent, s'arrêta l'épée au poing sur ce seuil ensanglanté. Tout cela est si grand et si vaste, si éclatant et si sombre, il y a tant de profondeurs cachées dans les entrailles de cette sainte demeure, l'homme est si petit aux pieds de ces vieilles colonnes, si petit au-dessous de ce dôme élevé par des mains mortelles, que vous n'avez plus qu'une pensée, vous mettre à genoux et prier Dieu, le Dieu du Dante et de Michel-Ange !

Entre la cathédrale et le baptistère de Florence, Giotto a élevé le *Campanile*, admirable tour carrée du plus beau style gothique de l'Allemagne. Autant la tour de Pise est penchée, autant la tour de Florence se tient ferme, nette et droite, svelte, je ne saurais mieux dire. L'élégance, la grâce, la légèreté, l'ornement, la simplicité d'une pierre taillée, n'ont jamais été plus loin. Le sourire vous prend rien qu'à voir ce charmant petit chef-d'œuvre placé là, entre ces deux monuments sérieux, comme un joli enfant blond et rose entre deux vieillards. L'effet du *Campanile* ne saurait se décrire. Charles-Quint voulait avec raison qu'on le mît sous verre, et en effet on dirait que ce verre a été brisé la veille. Pour bien voir le *Campanile*, placez-vous vis-à-vis la rue à laquelle il aboutit; puis marchez, au loin et peu à peu derrière les maisons qui le masquent, vous voyez la fine et légère muraille s'élever dans les airs en chantant l'*Angelus*. *Beau comme le Campanile*, c'est un proverbe florentin. Les plus excellents artistes de Florence se sont empressés à l'envi de le parer : Donatello a composé six statues pour le *Campanile;* André de Pise en a fait les bas-reliefs avec

Luc de la Rabbia et Giotto. Giotto est partout comme Michel-Ange : il est au Campo-Santo comme le restaurateur de la peinture, il est à la cathédrale comme le maître de Brunellesco ; il a élevé le *Campanile* à lui tout seul ; il en a fait les bas-reliefs ; il a travaillé aux portes du baptistère ; il a accompli à lui seul l'œuvre de trois hommes qui auraient chacun d'eux un grand génie. Et songez donc que tous ces grands artistes, dont le nom ne peut se prononcer qu'avec un respect voisin de l'adoration, au milieu de ces incroyables travaux, sortaient chaque matin pour acheter au marché leurs provisions de la journée, et que c'était une de leurs habitudes les plus chères, de préparer eux-mêmes leurs repas.

Eh bien ! à n'en pas douter, tous ces grands maîtres sont les élèves du Dante ; ils n'ont obéi qu'aux inspirations de leur poëte ; ils n'ont travaillé que pour Dante et pour la république ; ils n'ont jamais connu ni reconnu les Médicis. La pensée du Dante a présidé à tous les grands monuments de Florence ; elle a fait battre le cœur de tous ces grands hommes. Dante n'est pas seulement le père de Brunellesco, l'inspirateur d'Arnolfo et de Giotto, le maître de Michel-Ange; il est encore l'inspirateur de Pétrarque à qui il enseigna, par son exemple, à aimer l'antiquité et à l'étudier sans la copier servilement. A l'école de son maître, Pétrarque est devenu non-seulement un poëte, mais un savant. Il s'est initié dans tous les secrets de la langue grecque et de la langue latine; il a étudié, dans leurs moindres détails, les mœurs, les usages, les lois, les études de la nation romaine. Exilé comme son maître, Pétrarque a vécu pour les trois seules passions qui étaient sa vie : la science, le voyage et l'amour. Comme Dante invoquait Béatrice, Pétrarque invoquait Laura. En même temps que Pétrarque, arrive Boccace; telles sont les œuvres, tels sont les hommes du Dante. Grâce à son poëte, Florence marche l'égale d'Athènes. Otez le Dante de son histoire, ôtez de la république ce mouvement inspirateur, Florence n'est plus que la rivale éphémère de Carthage et de Tyr!

VII.

Mais tout en proclamant la supériorité de cette puissante intelligence, ce n'est pas une raison pour nier l'influence des Médicis. Ils ont marché habilement à la suite de toutes les grandes idées et de tous les hommes que le poëte avait jetés dans sa route. Ils ont secondé à merveille cette passion pour les arts que Florence avait apportée en naissant et cette passion pour l'antiquité que les poëtes lui avaient inspirée. Quelle histoire à écrire, l'histoire de ces marchands qui donnent leur nom à tout un siècle, tout comme avait fait Périclès et comme le devait faire Louis XIV! Et combien cette histoire est remplie de gloire et de défaites, de prospérités et de malheurs! Pour bien faire, il faudrait remonter aussi haut que possible dans l'histoire de l'Italie. D'abord, ces tremblantes cités ne servent qu'à se mettre à l'abri des barbares; puis, peu à peu, le besoin, le voisinage de la mer, cette passion pour l'inconnu qui pousse les nations comme les hommes, les pousse jusqu'aux portes d'Alexandrie et de Constantinople. Voilà nos Italiens, que le commerce enrichit; et, avec la richesse, les voilà qui se prennent de passion pour la liberté.

A la tête de ce mouvement nouveau du commerce et de la liberté, les Lombards se placent naturellement par leur intelligence et par leur courage. Bientôt se forment ces républiques éparses, filles de la richesse, de la propriété et du commerce. En même temps que se fondaient ces villes qui devaient avoir la destinée des empires, se montraient de grands hommes pour fonder, au gré de leur génie, la liberté ou l'esclavage, liberté éclairée, esclavage ténébreux. Les Sforce, les Bentivoglio, les Pic de la Mirandole, les Polentini, les Manfredi, ces rois et ces dieux, ces tyrans et ces sauveurs dont le nom vit encore à Milan, à Bologne, à Vérone, à Ravenne, hommes généreux, savants, éclairés, avides de tous les genres de renommée et dont les vices mêmes avaient quelque chose de poétique.

Dans ces illustres familles, la gloire de l'Italie moderne, éclate et brille au premier rang la famille des Médicis, les maîtres de Florence. Ils travaillèrent longtemps avant d'arriver au souverain pouvoir. Le premier souverain de cette race, Cosme Ier, arriva justement au pouvoir quand le génie italien jetait tout son éclat. Prince heureux au dehors, malheureux dans sa famille. Sa fille Marie fut séduite par un page, et elle mourut du poison; sa seconde fille, la belle duchesse de Ferrare, fut assassinée par son mari; son fils Jean de Médicis, le cardinal, fut poignardé par son frère don Garzia, pour un chevreuil que se disputaient les deux frères; lui à son tour, le malheureux père, pour venger son fils Jean, tua son dernier fils d'un coup d'épée ; trop heureux fut-il entouré de ces cadavres, de laisser son empire naissant à François, son dernier fils. Vous savez comment est mort ce Cosme Ier. Il fut l'amant de cette célèbre Bianca Capella, qui a rempli toute l'Italie de son histoire. Femme étrange, d'une grande beauté, d'une ambition sans mesure, qui arriva au trône à force de désordres. Enlevée à la maison paternelle par un jeune aventurier de Venise, elle se réfugia avec son amant à Florence ; mais elle ne fut pas si bien cachée que le vieux Cosme Ier, chargé d'ennuis et de déplaisirs, ne vînt à découvrir la belle Vénitienne. Elle avait la grâce d'une Vénitienne, la blancheur mate et animée d'une Vénitienne, le doux parler d'une Vénitienne, l'esprit léger, le cœur changeant d'une Vénitienne. Elle vit ce vieux prince presque veuf et seul qui l'aimait, et elle ne l'aima pas, mais elle se laissa aimer. Elle devint ainsi la maîtresse de Florence et du prince. Puis un jour, comme l'amant qui l'avait enlevée la gênait, elle le fit tuer ; et son prince étant devenu veuf tout à fait, elle l'épousa tout à fait. Alors grande fut la joie de Venise de voir une de ses filles monter au trône de Florence. La sérénissime république voulut adopter comme sienne cette belle et illustre fugitive ; elle envoya en grande pompe une députation des plus nobles et des plus riches pour la représenter à ce mariage, qui coûta huit cent mille ducats à Venise.

Donc voilà Bianca souveraine, mais souveraine sans postérité. Que de vœux ne fit-elle pas à tous les saints du Paradis florentin pour avoir un enfant qui pût régner après son père ! Mais l'heure fatale avait sonné, et d'ailleurs cette femme avait derrière elle un terrible espion, le cardinal don François, le frère de Cosme. Un jour que la grande duchesse faisait semblant d'accoucher, don François se promenait de long en large, en lisant un bréviaire ; et voilà pourquoi la duchesse n'accoucha pas d'un gros garçon !

Alors elle résolut de se venger ; elle voulut empoisonner don François. Et comme elle lui offrait un certain plat qu'il aimait, celui-ci refusa ; ce que voyant son frère Cosme, — Par Dieu, dit le duc, j'en veux goûter, et en même temps il tendit son assiette, et Bianca, pour ne pas avouer son crime, empoisonna son mari et s'empoisonna elle-même. Cet horrible dénoûment à une vie si orageuse se passait dans une de ces belles maisons de campagne qui entourent Florence ; mais la verdure, et les fleurs, et le temps, ont détruit ces horribles souvenirs.

Et voilà justement dans quel siècle arrivèrent les grands maîtres de la peinture, le Titien (1477) Léonard de Vinci (1520), Raphaël (1519), Corrége, (1554), Michel-Ange (1565). Ceci fut le règne de Tintoret, de Paul Véronèse, de Jules Romain, et de cet aimable André Del Sarte, l'honneur de Florence.

Ce fut aussi le beau moment de l'Italie; la paix et les arts se mirent à l'œuvre, et les ingénieux Italiens, gouvernés par leurs princes naturels, s'abandonnèrent librement à cette double impulsion. A la tête de ce mouvement des intelligences se plaça Florence, que gouvernait cette heureuse famille des Médicis. Cosme Ier fut un marchand de génie ; enfant du peuple il domina les nobles. Quand il fut le maître, il ouvrit sa ville à tous les exilés de Constantinople, ces Grecs du Bas-Empire qui emportaient avec eux la philosophie et la poésie de la Grèce. Après lui régna Cosme le *père de la patrie*, surnom glorieux qui n'est qu'un surnom ; puis régna Pierre qui se fit chasser pour ses vices ; puis *Laurent le Magnifique*, espèce de philosophe plein d'urbanité et de grâce, l'ami de Politien, le protecteur de Michel-Ange, le père de ce Léon X qui fut le roi de Raphaël. Et quand on songe que ces hommes conservèrent comme un patrimoine la noble et sainte passion des beaux-arts, qu'ils arrivèrent à une époque de luxe et d'orgueil, qu'ils gouvernèrent des peuples sensualistes naturellement portés à la poésie et à tous les beaux-arts ; quand on songe que dans ces villes italiennes l'art était le seul moyen de prouver sa fortune, son bon goût, son esprit et son génie, que l'art était partout au dedans et au dehors de la cité, dans le palais, dans le temple, sur les remparts, à la poignée des épées, voire même sur le bois des prie-dieu et des fauteuils, on finit enfin par comprendre comment il se fait que tant de chefs-d'œuvre ainsi enfantés pour le caprice des uns, par le génie des autres et pour la gloire de tous, se manifestent encore à ce degré de magnificence dans ces nobles cités dont quelques-unes n'ont gardé que leur nom et le souvenir toujours vivant de tant de splendeurs.

Ce serait un grand livre à faire, et qui a été tenté bien souvent, que d'écrire, non pas l'histoire, mais bien plus que l'histoire, la biographie des Médicis.

Cosme de Médicis, le premier, se mit à la poursuite de tous les manuscrits de l'antiquité; il envoya des savants en France, en Italie, en Allemagne, en Orient, tout exprès pour recueillir les livres épars depuis le grand naufrage du monde romain. C'est ainsi qu'il a préparé cette *Bibliothèque Laurentienne*, fondée par Laurent le Magnifique, son petit-fils. Quand on a vu le dôme de Florence et la place du Vieux-Palais, il faut voir la *Bibliothèque Laurentienne*. La docte antiquité n'a pas laissé de plus saintes reliques. C'est Michel-Ange (toujours lui!) qui a commencé ce sanctuaire; un élève de Raphaël a dessiné les vitraux. La *Laurentienne* ne contient que des manuscrits et les plus rares. Un Virgile du quatrième siècle. Les *Pandectes*, prises par les Pisans au siége d'Amalfi, écrites par Tribonien lui-même. Les cinq premiers livres des *Annales de Tacite*, la plus glorieuse conquête de Léon X ; la copie du *Decameron* par Boccace ; le manuscrit de *Longus*, chargé de la trop fameuse tache d'encre de Paul-Louis Courrier ; les *Lettres familières de Cicéron*, de la main de Pétrarque qui les avait découvertes dans un manuscrit antique et qui les avait copiées avec la même passion de Jean-Jacques Rousseau copiant les lettres de l'*Héloïse* ; un *Térence* de la main de Politien, des pamphlets de cet admirable Arétin, l'homme sans honte ; et que sais-je encore ? Au milieu de ces nobles débris est placé le doigt de Galilée, triste relique ! Ce n'est pas dans ce bocal informe que vous retrouverez ce doigt de Galilée, qui a suivi de là-bas et tout en haut, le doigt de Dieu.

C'est surtout dans le Musée qu'ils ont fondé, qu'il faut chercher les Médicis ; c'est là qu'ils ont laissé des traces ineffaçables de leur passage sur la terre d'Italie ; c'est là qu'on retrouve tout entiers Léon X, et Clément VII, et Laurent le Magnifique. La gloire d'avoir sauvé tant de chefs-d'œuvre est certes assez belle pour qu'on la loue ; et d'ailleurs, quelle louange saurait la payer ! Dans les *offices*, cette galerie qui n'a rien de la majesté de notre Louvre, vous retrouvez, non sans émotion, plusieurs de ces chefs-d'œuvre populaires qui jouent dans les arts le même rôle que *l'Énéide* ou *l'Iliade* dans les lettres. Après avoir traversé une longue suite de bustes antiques, des Néron, des Auguste, des Caligula, des Junie, des Agrippine, des Tibère, tous les héros stupides et féroces de Suétone, vous vous trouvez au milieu du seizième siècle, et, malgré vous, tout rempli que vous êtes de l'ancienne Florence, vous comparez ces marbres naïfs, gracieux, mélancoliques, aux chefs-d'œuvre si corrects de l'antiquité. Puis, sans mot dire, vous passez outre et vous parcourez la galerie de peintures : ce sont des Florentins, des Vénitiens, des Romains, des Génois, parmi lesquels, de temps à autre, éclate Paul Véronèse, leur maître à tous ; ou bien c'est le Titien qui jette sa douce clarté sur ces ombres. — Allons toujours, d'autres statues nous arrêtent, bronzes antiques ou bronzes modernes, la Victoire, Hercule, Bacchus, puis des vases étrusques, puis des portraits, plusieurs portraits de Holbein, le portrait de Philippe IV, par Vélasquez. — Un Brutus de Michel-Ange, ébauché. Un faiseur de vers latins a prétendu que Michel-Ange n'avait pas achevé ce Brutus, parce que Brutus avait tué César ; un Anglais a répondu par d'autres vers latins, que Michel-Ange avait été arrêté par la haute opinion qu'il avait de Brutus. — Michel-Ange n'avait peur ni de Brutus ni de César. — L'Égypte elle-même a poussé dans ce Musée ses grossiers monuments et ses informes papyrus. — Une salle tout entière est consacrée aux portraits des peintres célèbres peints par eux-mêmes. En général ces portraits sont indignes des têtes qu'ils représentent et des noms qui les ont signés. Raphaël est pâle et blême, et ses beaux traits sont reproduits avec une nonchalance sans égale. Le Titien a l'air ennuyé; Michel-Ange est triste ; André del Sarte, en fait de portraits, ne savait faire que celui de sa femme ; à peine reconnaît-on Paul Véronèse ; le Dominiquin n'est plus qu'un moine pleureur ; Holbein s'est à peine donné le temps de recouvrir le bois sur lequel il s'est peint lui-même ; Angélica Kauffmann s'est faite belle, mignonne, riante, parée : à la bonne heure ! — Le portrait de Léonard de Vinci est admirable, au moins celui-là ne s'est pas trahi. Mais, silence ! nous entrons dans l'enceinte réservée, dans la *tribune*, dans le *sanctum sanctorum* des beaux-arts.

La tribune de la galerie de Florence est célèbre; elle est disposée avec un certain charlatanisme innocent, que l'on pardonne volontiers ; la coupole est en nacre de perles, le pavé est en marbre précieux. — Le temple est digne du Dieu qui l'habite. — C'est qu'en effet, sous cette voûte, vivent et respirent *la Vénus* de Cléomènes, *le petit Apollon*, *le Faune*, *les Lutteurs*, *le Rémouleur*. — Ils sont entourés de *la Vierge* de Michel-Ange, des deux *Vénus* du Titien et de plusieurs chefs-d'œuvre de Paul Véronèse, de Van Dick, d'André del Sarte et de Raphaël.

J'avoue qu'au premier abord, en présence de pareils chefs-d'œuvre, dont un seul ferait la gloire d'une ville, vous vous sentez remué jusqu'au fond de l'âme. A peine osez-vous parler tout bas, de peur qu'elles ne s'enfuient au loin, toutes ces nudités divines. *La Vénus*, beauté longtemps enfouie et retrouvée sans bras, est, à coup sûr, un marbre parfait, mais ce n'est qu'un marbre. Pas un défaut dans cette belle statue, mais, au contraire, à chaque contour une grâce nouvelle! Quels pieds! quelle taille! quelle tête mignonne! le beau corps! Mais encore une fois ce n'est qu'un marbre. L'attitude de cette jeune femme sans voile, et qui comprend qu'elle est sans voile, est pénible. Nous ne pouvons pas admettre que Vénus, dans l'Olympe, comprenne qu'elle est nue. Si la chose est ainsi, Vénus doit être la plus malheureuse des déesses. Parlez-moi de *l'Apollon!* celui-là ne songe pas un instant à sa nudité, et personne n'y pense. D'ailleurs, même dans sa beauté sans tache, cette Vénus est pauvre et grêle ; elle ressemble tout à fait à ces admirablement belles personnes que tout le monde regarde et que personne ne veut aimer. Quelle différence de ce marbre avec ces deux femmes si belles du Titien! Voilà des créatures vivantes! voilà de la vie, de la chair, de la beauté! Quelqu'un demandait à Titien où donc il trouvait ses modèles?—Partout, répondit-il, et, en preuve, il fit poser son frère qui était un gros homme bien nourri, et d'après ce frère il a composé la plus belle des deux Vénus. *L'Apollon* est tout à fait le pendant de *la Vénus;* c'est un petit jeune homme grêle et fluet et fait au tour. *Le Faune* qui danse est adorable; il est vif, léger, coquet, malin, ricaneur, amoureux, charmant. Rien n'est beau comme le groupe en marbre des *deux Lutteurs;* chaque muscle est en mouvement, chaque tendon est à l'œuvre; les veines, les nerfs, les os, les mains, les pieds, le corps, tout s'agite, la tête seule reste calme. *Le Rémouleur,* que nous avons admiré si souvent dans le jardin des Tuileries, est peut-être le plus beau marbre que nous ait laissé l'antiquité. C'est chose étrange de voir à côté de *la Vénus couchée* du Titien le portrait d'un cardinal par le même Titien, et à côté de la Fornarina, la maîtresse de Raphaël, le portrait de Jules II par le même Raphaël. Il y a aussi un *saint Jean-Baptiste* de Léonard de Vinci, une *Vierge* de Corrége, le *Charles-Quint* de Van Dick. Charles-Quint n'est plus le maître des Espagnes, il n'est pas encore le moine d'Aranjuez; il se promène tête nue sur le bord de la mer bruyante; puis enfin le *saint Jean-Baptiste* de Raphaël. C'est bien le même saint Jean que j'avais vu se vendre soixante-quinze francs à la vente de feu M. le duc de Maillé! La figure est jeune, le paysage est noir, le tableau est passé. Les deux tableaux se ressemblent d'une façon effrayante pour les deux possesseurs; car l'un de ces tableaux est une copie à coup sûr.

Ce qui complète toutes les richesses de la galerie des offices, c'est la réunion incroyable des dessins des plus grands maîtres, depuis Giotto jusqu'aux temps modernes; c'est la collection des monnaies et des médailles depuis la monnaie des Étrusques jusqu'au florin d'or, cette belle monnaie si admirée jadis du reste de l'Europe, et disparue à peu près de Florence; c'est enfin cette réunion de bijoux précieux, si bien faite pour tourner la tête à toutes les majestés féminines de ce monde : bagues, colliers, écrins précieux, boutons d'or, bracelets, coffrets d'ébène, de cristal ou d'ivoire, merveilles inestimables, dont les belles dames du seizième siècle chargeaient leurs doigts, leurs bras, leurs mains, leurs oreilles, leur tête superbe.

Dans ce coin brillant de la galerie, règne en maître

souverain Benvenuto Cellini, l'orfévre florentin. Il fut à la fois orfévre, armurier, quincaillier, statuaire, et toujours un grand artiste et un bandit.

Le premier de tous ces hommes de Florence qui excellaient dans les arts, Benvenuto Cellini abusa de son art au point d'en faire le délassement de quelques privilégiés de la fortune. Cet homme a enfoui plus de grâce, d'esprit et d'invention dans une boucle pour le manteau de François Ier ou de Médicis, qu'il n'en faudrait pour faire une statue comme le *Persée*. Tout lui servait de prétexte à employer son rare talent : la poignée d'une épée, le manche d'un poignard, l'aiguière d'une dame, l'armure d'un prince, l'habit d'un cavalier. A ce métier subalterne il a épuisé son génie en même temps qu'il perdait son art. Quand vous voyez l'art dégénérer ainsi et les artistes oublier leur mission, tenez-vous pour assurés que la décadence de ce peuple est proche. Et en effet, à l'heure où Benvenuto commence, il n'y a plus de république florentine. Michel-Ange est mort, la voix du Dante, qui a retenti depuis trois siècles, s'est effacée ; Pétrarque a cédé la place à ses froids imitateurs; Boccace n'est plus estimé que comme un conteur frivole, lui l'émule savant de Pétrarque; plus de grand art, plus de grande poésie, plus de grands monuments pour Florence. C'est l'heure fatale de la corruption dans les mœurs, dans les lois, dans le peuple, dans les grands. Alexandre VI et sa digne fille Lucrèce, et l'amant de cette Lucrèce, le cardinal Bembo, le Pétrarque licencieux et souillé, sont à cette heure les maîtres de la poésie italienne. C'est le temps des satires frivoles, des contes graveleux, des comédies amoureuses. Machiavel lui-même descend de la hauteur de l'histoire pour se livrer à ces spirituelles frivolités, jusqu'à ce qu'enfin vienne au monde, sinon pour purifier toutes ces galanteries, du moins pour en rire, Arioste le sceptique bon enfant et grand poëte, à qui Voltaire a emprunté sa poésie, pour commettre le plus lâche, mais aussi le plus spirituel des attentats.

Et, voyez le malheur! c'est pour l'Arioste que Raphaël échappe à l'influence du Dante! A peine sorti de l'école du sévère Pérugin son maître, le jeune Raphaël, élevé dans toute l'austérité de l'école florentine, représente dans un tableau le Dante et Savonarole, les premiers dieux de sa pensée, les héros de l'antique Florence ; mais bientôt, quand il eut pénétré à la cour de Léon X, parmi ce peuple élégant de railleurs et de sceptiques ; quand il eut rencontré Arioste l'enchanteur, voici que Raphaël dit adieu pour jamais au Dante, à ses doctrines, à la vieille Florence, aux sentiments républicains, à la simplicité catholique, à la théologie philosophique dont Michel-Ange avait été le sculpteur, Brunellesco l'architecte ; dont, sans Arioste, il eût été le peintre, lui Raphaël. Quelle douleur ce dut être pour Dante quand il vit, du haut de son paradis, Raphaël lui échapper, Raphaël abandonner l'austérité chrétienne pour la mythologie profane, Raphaël prêter aux vierges saintes la beauté de ses maîtresses, Raphaël placer au Vatican, entre Homère et le Dante, Arioste lui-même, cet esprit léger et moqueur dont s'épouvantait le vieux Michel-Ange comme d'un monstre !

Cette fois, le temps me manque pour vous parler plus au long de cette admirable école de Florence qui a produit tant de chefs-d'œuvre, pour vous parler du palais Pitti, et des tombeaux de Médicis, et de cette Florence moderne que j'ai si bien vue ; cette fois encore, le passé l'a emporté sur le présent ; pardonnez-moi !

VIII.

LE PALAIS PITTI. — LE POGGIO IMPÉRIAL. — LA PRINCESSE
MATHILDE BONAPARTE. — MACHIAVEL.

Adieu donc, Florence ! Florence la républicaine et la royaliste, Florence la catholique et l'excommuniée ; adieu, la ville libérale entre toutes les villes, qui seule as porté la peine de tes colères, de tes préjugés, de tes haines, de tes dissensions de tout genre, pendant que tu jetais d'une main inépuisable, toi l'aînée de l'Europe, tes sciences, tes institutions, ta poésie, tes beaux-arts! Adieu donc, toi l'admirable et l'admirée, qui as enseigné, à tes risques et périls, aux nations à venir, comment se brise le joug des tyrans, comment se fonde la liberté, comment une grande nation doit exercer en même temps la guerre et le commerce, comment, à force de génie, elle peut remplacer la puissance qui lui manque; pauvre et riche Florence, courageuse et généreuse entre toutes les villes, qui déchirais tes entrailles de tes propres mains, tout en travaillant à la liberté, à l'honneur, à l'avenir du monde! Elle a deviné la première toutes ces institutions et toutes ces sciences dont nous sommes si fiers. nous autres modernes. Tout comme Dante a montré le premier la croix du sud, de même elle a eu la première son armée citoyenne, ses magistrats élus par le peuple; la première elle a séparé les deux pouvoirs que pas une nation ne séparait alors, l'état et l'église; la première elle a été savante, éloquente, élégante, puis enfin, quand toutes ces destinées sont accomplies, elle dépose les armes, elle descend de son trône de laine et d'or, elle ferme à la fois sa citadelle et son comptoir, elle inscrit dans son Panthéon les trois grands noms de son histoire, Dante, Michel-Ange et Galilée. Autant elle était turbulente et passionnée, autant elle se fait calme et tranquille ; elle a toute la dignité de la défaite, comme elle a eu toute la gloire du combat ; de même qu'elle a vécu la première parmi les nations intelligentes, de même aussi elle succombe la première ; mais quelle défaite glorieuse ! mais qu'elle est grande dans son abaissement ! mais qu'elle est belle dans sa mort ! et avec quel saint respect on la vient contempler de toutes les parties de l'univers, couchée dans son magnifique tombeau !

Oui, c'est surtout en visitant Florence que l'on comprend et que l'on devine le respect qui se rattache aux grands hommes qui ne sont plus. Ces ruines muettes, cet éclat sans égal qui n'est à tout prendre que le reflet des temps passés ; ces palais vides, cet écho que le silence dévore, cet univers de pierres taillées qui n'est plus habité que par quelques chefs-d'œuvre dont la vie est éternelle, tout cela vous frappe d'une admiration indicible. Il n'y a plus dans cette grande ville que l'âme qui l'anime ; les corps habités par cette âme ont disparu à jamais ; des étrangers sont arrivés pour peupler ce désert, princes étrangers, citoyens étrangers, magistrats étrangers, soldats étrangers, artistes étrangers ; et comme les uns et les autres ils avaient la conscience des grandeurs irréparables qu'ils remplaçaient, ils se sont effacés tant qu'ils ont pu, afin qu'on admirât à loisir le cadavre de Florence, afin qu'on pût entendre les derniers bruits de l'esprit et du génie de Florence. Habitants immobiles dans une ville morte, rois invisibles dans une république détruite, exilés de toutes les parties et de toutes les opinions du monde, qui s'arrangent pour un jour dans ces ruines guelfes ou gibelines sans en comprendre le sens caché ; des yeux qui ne voient rien dans ces musées, des oreilles qui n'entendent rien dans ces grands bruits, des mains qui ne touchent rien dans ces ruines, des pieds qui ne reconnaîtraient pas un seul des cent mille sentiers frayés dans cette poussière : des fantômes pour remplacer la populace et les grands seigneurs, les marchands et les soldats, les poëtes et les orfèvres de Florence ! Eh bien ! voilà ce que j'aime. J'aime ce respect tacite pour une pareille ville, respect si grand que nul de ceux qui l'habitent ou qui la gouvernent n'ose plus dire : *Je suis citoyen de Florence !* J'aime cette admiration si naïve, que nul dans cette Florence n'ose plus regarder même ses ruines, et qu'on la traite, cette ville des merveilles, comme une ville ordinaire où l'on boit, où l'on mange, où l'on dort, où l'on passe, sans que nul ose naître ou mourir sur cette terre qui a porté et produit tant de géants; volcan éteint sur lequel pas une mère n'oserait poser le berceau de son fils, pas un enfant le tombeau de son père ! Avez-vous vu courir un char dans Florence? Le char ne fait aucun bruit en courant, on n'entend même pas le sabot du cheval au galop. C'est l'image de la nouvelle société qui s'est formée à l'ombre du Campanille de Giotto, l'histoire du nouveau pouvoir qui s'est glissé entre le cheval de Cosme et la Vénus des Médicis.

D'ailleurs, et en laissant de côté tout cet enthousiasme mal contenu, la vie est si heureuse, si calme, si tranquille, si riante, si facile à Florence ! Il y a dans ces murs apaisés, à l'ombre de ce trône apporté là sans violence, comme on apporterait un siége de velours dans un jardin, tant de soleil, tant de fraicheur, tant de sommeil, que vraiment, dût l'archange venir au son de sa trompette réveiller Dante et Michel-Ange, et avec eux toutes les passions qui leur faisaient cortége, on serait tenté de dire à l'archange : — Silence, par pitié pour nous-mêmes ! Ne réveillez pas toutes ces grandeurs éteintes avant que nous soyons morts ! Ce siècle en effet n'est plus assez jeune, assez enthousiaste, assez convaincu, pour assister, même de loin, aux révolutions qui sont sorties de cette enceinte. — Silence donc ; ne réveillons pas ces morts turbulents et magnanimes. Vivons en paix à l'ombre des palais qu'ils élevèrent, à l'ombre des sciences qu'ils ont fondées ; et croyez-moi, pareils aux pourceaux de l'Ecriture, repus de glands, ne levons pas trop la tête pour regarder l'arbre d'où ces fruits sont tombés.

C'est ainsi que, malgré toute ma résolution de ne voir dans Florence que Florence, et d'appartenir tout entier à ce grand débris que je voulais étudier de haut en bas, prosterné à ses pieds, il m'a fallu, malgré moi, obéir à cette double inertie qui se partage la ville, passer du silence solennel des bibliothèques au silence jaseur des promenades; aller du musée au bal, de la place publique au palais ducal; entremêler ces trois semaines de mon séjour, de concerts, de dîners et d'études historiques. Malgré moi, j'ai passé de la cathédrale à la salle de spectacle, du *Campanile* au *Corso,* de la tombe de Machiavel au gala de la cour. J'ai cueilli à la fois des ronces et des fleurs ; j'ai prêté l'oreille en même temps à la *Divine Comédie* et au *Roland furieux.* Je me suis prosterné aux pieds de la Florence chrétienne, et j'ai donné le bras à la Florence profane. J'ai poursuivi de mon adoration respectueuse la sainte Béatrice ; j'ai bu dans la coupe de Bianca Capello, où but Montaigne, et j'ai parlé d'amour à madame Fiametta et à madame Pampinée, les héroïnes de Boccace. J'ai eu des accès de tristesse incroyables, et des moments de joie qui tenaient du délire ; j'ai vu passer devant moi toutes sortes d'apparitions, couvertes d'un crêpe funèbre ou couronnées de roses ; le matin sur les remparts, le soir sous les remparts, j'ai été tour à tour Italien du treizième siècle et Allemand du dix-neuvième siècle; et dans ta grandeur comme dans tes ruines, dans ta prospérité passée et dans ton abaissement présent, dans le grand bruit que tu as fait autrefois et dans ton silence actuel, dans ta vie et dans ta mort, dans ton palais et dans tes tombeaux, je t'ai trouvée belle et grande, ô Florence, et digne de tout notre enthousiasme, de toute notre reconnaissance et de tous nos respects.

Vous dire, monsieur, tout ce que j'ai vu, et senti et compris dans ces trois semaines de ma vie, c'est impossible. Je ne m'en souviendrai bien que dans quelques mois, quand j'aurai eu le temps de me souvenir. Il faut beaucoup plus de loisir qu'on ne pense pour mettre un peu d'ordre et de méthode dans de pareilles visions. Par exemple, à peine éveillé, j'allais revoir *la Loge des Lanciers*, et de là j'assistais aux premiers mouvements qui se faisaient dans le dôme; puis j'allais saluer la Vénus et l'Apollon, puis je me hâtais et j'entrais au palais Pitti comme on entre dans une maison à soi. Ce palais Pitti est la résidence du grand-duc de Toscane. Il tient au palais vieux par une immense galerie couverte; mais c'est là la seule analogie qu'aient entre eux ces deux palais. Ce palais

Pitti est le plus beau de Florence, ce qui est dire l'impossible. Il se compose, comme au reste toutes ces maisons illustres, d'une grande muraille noire, dont les pierres serrées entre elles semblent s'être réunies avec un acharnement incroyable. Les unes sortent de la muraille menaçantes, les autres au contraire rentrent dans le mur, ce qui donne à ces masses immobiles un mouvement admirable. M. Delécluze, avec son bon sens et sa science sans égale, a retrouvé l'histoire du premier des Pitti, et cette histoire est à peu près celle de tous les citoyens marquants de Florence, y compris les Médicis. Ce Pitti fut d'abord un pauvre petit marchand qui allait à Venise en chassant son cheval devant lui ; quand le commerce allait mal, notre homme jouait aux cartes et aux dés, où il était d'un bonheur presque déplorable. A Pise il tomba malade ; et comme il se mourait sur le grabat d'une mauvaise auberge, passe une troupe de Bohémiens qui le guérissent en le faisant danser et boire. A peine guéri, il joue, il gagne, il achète six chevaux ; il devient amoureux d'une femme mariée qui l'envoie, non pas au diable, mais à Rome, ce qui était la même chose en ce temps-là. Il obéit à la dame, il va à Rome, et, qui plus est, il en revient malgré tous les périls de la route, et la dame lui rit au nez. Pour se consoler, l'aventurier va faire de la politique sur la place publique ; et tout en discutant il tue un concitoyen d'un coup d'épée. Chassé de Florence comme Guelphe, il se met à la tête d'une troupe d'exilés pour rentrer de force dans la ville. Le *défenseur* de la ville le rencontre et le fait prisonnier ; et Pitti va être pendu, quand il s'échappe par une ruse. Alors, voyant que l'air de Florence lui est contraire, il va à Bruxelles tenter la fortune.

Comme il avait la réputation d'un beau joueur, le duc de Brabant lui dit : — *Lombard, danse et joue, et ne te mets pas en peine du reste!* Ainsi fait le Lombard ; il danse et il joue, il perd ; le duc de Brabant paie ses dettes. De Bruxelles, Pitti va en Angleterre *pour traiter du rachat de Jean de Brabant*. Au mois de novembre, il était à la bataille de Rosebecq, à la suite d'Olivier de Clisson, malgré toutes ses sympathies, de lui Pitti, pour Artewel. Il était aussi à la prise de Mons, avec un *Lucquois de ses amis*, et trente-six cavaliers à lui ; il perdit ses trente-six cavaliers et son ami le Lucquois. Plus tard, toujours pour le roi Charles VI, Pitti nolise un vaisseau de guerre, il gagne au comte de Savoie 55,000 fr. en or, puis il va à Florence et il se marie. A peine marié, il revient à Paris auprès du duc d'Orléans, frère du roi. Il vend trois chevaux au duc de Bourgogne ; avec l'argent de ces trois chevaux, il achète cent dix tonneaux de vin de Bourgogne ; il gagne mille pour cent sur son vin. Le même jour, jouant chez le duc d'Orléans, il est insulté par un des plus gros seigneurs de France, et il demande fièrement raison à ce seigneur ; — il fallut que le roi se mêlât de cette affaire. — En Allemagne, l'empereur charge Pitti de traiter pour lui d'un emprunt de cent mille ducats avec les Vénitiens. Ainsi, jouant, gagnant, vendant, achetant des hommes, des vaisseaux, des soldats, des chevaux, du vin de Bourgogne, faisant des emprunts, Pitti revient dans sa patrie riche et partant considéré. Après lui avoir confié plusieurs magistratures, la république florentine le nomme ambassadeur auprès du saint-père. Puis on l'envoie en France solliciter auprès du roi la liberté des deux Florentins ; il arriva assez à temps pour être témoin de l'assassinat du duc d'Orléans. Tout ambassadeur qu'il est, Pitti joue encore, et il gagne cinq cents écus. De retour à Florence, il est élu consul de l'art de la laine, — puis capitaine de la garde de Pise, — puis du Conseil des Dix ; et toujours, dans ces diverses positions, Pitti reste banquier ; il prête, il change, il vend, il achète, il joue, il se pousse, il s'intrigue, il parvient ainsi à fonder cette famille presque royale qui a bâti ce beau palais dont Catherine de Médicis se souvenait, quand elle se fit construire le palais du Luxembourg, qui n'est cependant que la très-faible, très-lointaine et très-inexacte contrefaçon du palais Pitti.

Dans ce palais, bâti par des prêteurs d'argent, est contenu un des plus beaux musées de l'Europe. Ce sont des chefs-d'œuvre choisis, et par les plus grands connaisseurs, parmi des chefs-d'œuvre. Ils sont là, placés dans ces vastes salons, comme dans le seul lieu qui soit digne de les contenir. Chose étrange ! une fois là, vous n'éprouvez aucun embarras, tant vous êtes sûr de votre enthousiasme. Que vous dirai-je ? Il y a une Vénus du Titien, plus belle que les deux Vénus de *la*

Tribune; la Vénus est placée sous un plafond de Paul Véronèse. Il y a la Judith d'Allori, cette admirable personne, si sereine encore et si convaincue ; certes le peintre Allori avait là une belle, mais une terrible maîtresse ! Il y a vingt tableaux d'André del Sarte, une espèce de Titien plein d'imagination et de verve; il y a l'Ézéchiel de Rembrandt; vous pouvez juger du tableau par la gravure que Rembrandt en a faite : ceci est aussi beau que la Bible et ses prophètes. Il y a des portraits de Van Dick et de Rubens : il y a une bataille de Michel-Ange ; il y a les trois Parques de Léonard de Vinci : quelles femmes ! Je ne puis guère comparer ce terrible poëme qu'à une Madeleine perdue dans la galerie de l'école des beaux-arts à Florence. Cette Madeleine est à moitié vêtue ; elle est couverte de haillons ; elle est hâlée, ridée, hâve; on devine à peine qu'elle a été belle ; on voit qu'elle a passé par les mortifications, par le jeûne, par l'abandon, par la misère, par les plus lentes et les plus terribles dégradations du corps et de l'âme. Voilà bien la Madeleine, et non pas cette fille de joie à la gorge nue, aux cheveux blonds et aux mains potelées, qu'on nous a montrée si souvent. Puis enfin, aussi, il y a au palais Pitti, à côté du portrait de Léon X, la plus belle, la plus calme, la plus transparente, la plus admirable, ô mon Dieu ! pardonnez-moi si je blasphème, la plus profane des madones de Raphaël.

Voilà ce qu'il faut voir tous les jours, voilà ce que vous allez admirer à toute heure dans ce palais hospitalier ouvert à tout venant, aux heures même où dîne le grand-duc avec sa famille, derrière un paravent, pour ne pas gêner les visiteurs. A peine sorti du palais, vous êtes attendu par la fête de chaque jour, car chaque jour de Florence est à coup sûr un jour de fête. Vous dînez sur une table couverte d'oranges et de fleurs. Après le dîner, vous allez vous promener aux Cassines, charmante presqu'île formée par l'Arno. C'est une promenade comme les Champs-Élysées, mais plus champêtre et plus calme. Dans ces douces prairies paissent les brebis et les génisses ; sur les arbres, perche le faisan doré ; chacun arrive là dans sa voiture, et le souverain lui-même ; on se regarde, on se salue, on s'envoie de loin mille sourires ; chacun se repose comme s'il avait travaillé tout le jour. C'est bien à cette heure que les femmes sont belles et sereines ; à cette heure commence en effet la vie italienne. Mais laissez-les faire ces Italiens campagnards un instant chaque soir : tout d'un coup, comme à un signal donné, cette belle foule s'écoule ; on rentre dans la ville au grand galop des chevaux ; on frôle sans le regarder le palais Féroni, autrefois bastille redoutable, aujourd'hui maison garnie dont les tourelles même sont habitées par d'honnêtes oisifs. Allons vite, allons vite : voici dans cette salle basse un vendeur de sorbets qui a remplacé le chef armé de la maison ; voici sur la place de la cathédrale toute la belle société arrêtée pour entendre un improvisateur ; allons vite, allons vite ! l'Opéra commence, la salle est éclatante, parée ; chaque loge est un petit salon où l'on rit, où l'on cause, où l'on n'écoute guère, même les chanteurs qui savent chanter. Quel murmure de flatteries ingénieuses, de galanteries scintillantes, de contes bien faits ! Dans ces causeries presque intimes de toute une ville, le génie italien éclate encore ; vous retrouvez sans peine la verve badine des vieux conteurs, la galanterie sensualiste, à peine cachée sous le voile transparent du platonisme. Ces naïfs Italiens se disent des musiciens accomplis, et ils pensent de bonne foi aimer ce grand art ; et cependant ils écoutent à peine ce qui se dit sur leur théâtre ! Que leur importe le comédien, la danse, la musique, le chanteur, la passion dramatique ! Ils sont à eux-mêmes leurs propres comédiens, leurs propres danseurs, leurs musiciens, leurs chanteurs. Qu'ont-ils besoin de payer des artistes pour leur vendre de la passion toute faite ? ils ont eux-mêmes de la passion à revendre.

Ainsi se passe l'heure du spectacle. A peine la toile tombée, allons vite, allons vite, le bal commence. Toutes les vieilles maisons s'illuminent soudain à toutes leurs fenêtres ; les portes sont ouvertes : on n'invite personne, tout le monde est invité de droit. Jeune ou vieux, beau ou laid, prince ou manant, tous les hommes sont égaux devant cette fête éternelle de Florence. A peine entré dans ces salons bienveillants, vous êtes en plein dans les récits de Boccace. Tous ces gens-là, qui sont tous princes, marquis ou comtes, laissent leurs titres à la porte avec leurs manteaux. Ces nonchalantes Italiennes s'animent aux sons de cette musique, et elles s'abandonnent corps et âme à la valse, quel que soit le valseur. Oui, en vérité, elles sont belles ainsi négligées, habillées au hasard, sans fard, sans recherche, quelquefois sans goût, jamais sans grâce. Je le dis sans vouloir leur déplaire, ces belles Italiennes sont les femmes les moins coquettes de l'Europe; telles le bon Dieu les a faites, et telles elles se montrent, sans rien déguiser, sans rien ajouter ou retrancher, à la garde de leur amant qu'elles montrent, et de leur mari qu'elles ne cachent pas! Et si vous saviez quelle modération dans cette joie! quel bien-être, quel grand calme! Tous nos faiseurs de romans en ont menti quand ils nous ont parlé de la passion *échevelée* de l'Italie. Il n'y a de passion *échevelée* que les passions extraordinaires; mais la passion de chaque jour, pourquoi donc voulez-vous qu'elle soit échevelée? Allons donc, laissez-les faire, laissez-les être heureuses, laissez-les s'abandonner naïvement à ce transparent bonheur qui leur vient du fond de l'âme, comme vient la clarté du ver-luisant caché sous une feuille de rose! Rien n'est comparable, chez nous, à un bal de Florence, a une fête de Florence. Nos Parisiennes elles-mêmes, oui, nos Parisiennes de Paris, les belles, les élégantes, les charmantes, les dissimulées, les créatures les mieux arrangées qui soient au monde, les coquettes les plus parfaites, spirituel murmure, ironique sourire, taille si souple, pied si fin, que feraient-elles, jetées tout d'un coup au milieu de ces femmes sans art qui dansent, qui s'amusent, qui aiment comme on respire et qui ne savent que cela ?

Cette fête perpétuelle de Florence, toujours la même, varie cependant à l'infini. Elle prend toutes les formes, elle emprunte tous les costumes, elle s'établit à toutes les places; aujourd'hui dans le chœur du dôme, demain au Casino. Quand je suis arrivé à Florence, on m'a dit tristement, si quelque chose pouvait se dire tristement dans cette heureuse ville : — Vous venez trop tard, toutes les fêtes sont finies; et cependant que de fêtes amoncelées en si peu de jours ! S. A. I. et R. le grand-duc Léopold a donné un bal au palais Pitti et un bal au Poggio. Figurez-vous la cour de l'Ammonato surmontée de sa fontaine murmurante, éclairée par mille bougies, et ces jardins purifiés, qui pourtant se souviennent encore de Cosme Ier, de sa fille Isabelle et de François son fils, l'amant de Bianca Capella. Quant au Poggio impérial, figurez-vous le Petit-Trianon, perdu dans les bois. Vous trouvez une longue suite de galeries éclairées, vous entrez dans un vaste salon ou plutôt dans un vaste jardin rempli de danses et d'harmonies. Au milieu de la fête, affable pour tous, heureux du bonheur qui l'entoure et qu'il partage, se promène le prince, avec sa femme et sa fille ; c'est un pêle-mêle ravissant de princes et de bourgeois, et de grandes dames et de jeunes filles ; il n'y a pas de royaume constitutionnel où l'on jouisse d'une pareille liberté dans le plaisir. Mais cette liberté même a sa réserve et sa décence. La lente et capricieuse promenade dans ces jardins doucement éclairés ressemble à la promenade des âmes heureuses dans l'Élysée de Fénelon. Prêtez l'oreille, et, qui que vous soyez, vous pourrez entendre les moindres paroles qui se murmurent sous ces bosquets. Cependant, au bord de ces fontaines, au pied de ces blanches statues qui se détachent de l'ombre un peu rude des orangers, une foule de serviteurs empressés servent aux convives les vins de France, les fruits glacés, les faisans des Cassines, et personne ne s'étonne ! Et personne ne se demande pourquoi cette fête? Florence, autrefois la turbulente, ne veut plus savoir aujourd'hui la raison d'aucune chose, pas même de ses fêtes.

Le lendemain, pour vous reposer, c'était un déjeuner dans la maison du prince Jérôme Bonaparte, celui qui a été roi de Westphalie. Parmi toutes les ruines florentines brille d'un éclat douloureux la famille de l'Empereur. Même au milieu de Florence, elle est restée française : c'est la seule famille que Florence n'ait pas domptée. Elle n'a adopté de Florence que ses douces joies et son oubli de toute ambition. Ces Bonaparte exilés, Florence les aime comme elle a aimé toujours tous les exilés, elle qui n'a vécu si longtemps que de proscriptions et d'exils ! Donc le prince Jérôme donnait sa fête, et à cette fête il avait convié des Bourbons de Naples et des Bourbons d'Espagne, et ces Bourbons étaient venus. Dans cette maison du prince Jérôme nous avons rencontré, non sans une émotion bien vive, un jeune Bonaparte, blanc et rose, celui-là sans ambition, sans autre regret que le regret de la patrie, aussi charmant, aussi inoffensif que l'autre était puissant et terrible. Il est impossible d'être plus belle et d'une beauté plus entière : elle nous a reçus avec toute la grâce ingénue de ses dix-huit ans non encore accomplis; elle nous a reçus non pas comme une princesse exilée, mais comme une belle jeune fille parisienne oubliée sur les bords de l'Arno. Elle a fait les honneurs de sa maison avec une grâce parfaite, aussi à l'aise et aussi modeste que si elle eut habité le château des Tuileries. Après le repas, elle a dansé comme une simple Italienne; elle a été gracieuse, naïve, elle a été charmante. Quel malheur de l'ensevelir ainsi sous ce grand nom, cette enfant qui pouvait n'être que la nièce du roi de Wurtemberg! et combien la France doit regretter cette perle d'une belle eau tombée de la couronne impériale!

Puis c'étaient des concerts, c'étaient des soupers, c'étaient des processions sans fin, c'étaient des courses de chevaux, c'étaient des courses en char, chars antiques, cochers romains dans le costume du cirque; c'étaient des illuminations brillantes, c'était la fête de saint Jean, tout l'Arno illuminé, un feu d'artifice sans fin, des barques chargées de lumières et de chanteurs ; c'étaient des comédies d'amateurs, c'était un opéra tout entier chanté d'une façon admirable par des jeunes gens pleins de verve, le prince et la princesse P***, qui laissaient à la porte de leur théâtre un grand nom pour n'être plus que des artistes excellents. — Je vous ai dit que c'est à n'en plus finir si l'on voulait compter toutes les heures consacrées à cette fête florentine. Sans compter que, pour être à la hauteur de cette joie universelle, toutes les nations entassées dans ce plaisir changeaient de goût et d'humeur ; chaque peuple luttait à qui se ferait vif. Il n'y avait plus ni Anglais, ni Allemands, ni Français, ni Russes ; il n'y avait que des Florentins.

Et le moyen de résister à des invitations ainsi formulées : — *La contessa *** darà nel suo giardino, un piccolo trattenimento musicale, nelle sere di lunedì 25 giugno, e dei mercoledì 11 e 18* ! Et la musique était divine ! et le jardin était doucement éclairé ! et les femmes étaient charmantes ! et le palais était bâti par Raphaël ! et, au milieu de la fête, plus d'un jeune danseur disparaissait ; il allait se couvrir d'un capuchon noir, et ainsi déguisé il volait au secours de quelque pauvre homme à l'agonie. Admirable bienfaisance, qui se cache comme ferait le crime ou l'amour!

Plus d'une fois, au sortir de ces fêtes brillantes, vous rencontriez un convoi de la miséricorde ainsi vêtu, et portant un mort à son dernier asile, éclairé seulement par une torche funèbre. Et alors soudain, rappelé à vous-même, vous disiez adieu à la Florence frivole, amoureuse et galante, pour revenir à la Florence triste et sérieuse; vous fuyiez bien loin de la Florence de Boccace enivrée de plaisir, pour suivre à la trace la Florence du Dante. Car cette ville appartient évidemment à deux génies opposés, à deux muses différentes, à deux passions qui ne suivent pas la même route. Vous connaissez l'une et l'autre Florence, celle du Dante et celle de l'Arioste ! la Florence de la *Divine Comédie* et la Florence des poëmes badins, des contes licencieux. L'une sévère même dans ses joies, l'autre joyeuse même dans ses désespoirs, et qui, au plus fort de la peste de 1348, ne trouvait rien de mieux que d'inventer de char-

mants récits d'amour. Plus d'une fois je suis allé à Sainte-Marie-Nouvelle, le matin, me souvenant que sous cette voûte dorée, dans ce cloître orné de peintures, se sont donné rendez-vous les sept belles dames du *Décaméron :* « Elles avaient l'âge de dix-huit
« ans jusqu'à vingt-sept ans; toutes, après l'office,
« elles se retiraient dans un coin de l'église, et se
« réunissaient en cercle pour parler des nouvelles du
« jour. » Je cherchais en vain les sept belles dames; mais je trouvais à leur place un jeune homme en habit de moine, qui vendait de la *crème de beauté.* — Dernière image de cette Florence profane qui faisait de l'église un boudoir!

Mais, en bonne vérité de Dieu, ce n'est pas après cette Florence égrillarde et joyeuse qu'il faut courir quand on va pour si peu de temps en Italie; c'est après la Florence républicaine, austère, poétique, croyante, la Florence de Dante et de Michel-Ange. Voilà le digne objet de notre admiration et de notre étude, voilà la Florence véritable. Si vous m'en croyez, jeunes gens, laissez Boccace s'oublier un instant dans ces frivoles récits que lui a dérobés La

Fontaine, et même au milieu de la peste soyez graves et sérieux. D'ailleurs, ce n'est pas trop la bonne heure pour se réjouir et pour chanter. Laissez les jeunes Italiens et les belles Italiennes vivre ainsi au jour le jour, à la suite de leurs poëtes amoureux. Vous, si vous voulez comprendre dignement cette grande ville, suivez cet homme qui sort de chez lui le matin, un jour de peste, en 1527. Cet homme qui prend au sérieux même la peste, c'est Nicolas Machiavel. Cette fois, plus de récits frivoles, plus de festins, plus de fêtes, plus de belles dames, mais une profonde et austère douleur. Le vieux Florentin parcourt en silence cette ville malheureuse remplie de mendiants, de voleurs, et de fossoyeurs. Il passe du côté de *San-Miniato*, où naguère les cardeurs de laine faisaient un si grand bruit. San-Miniato est silencieux et désert; Sainte-Marie-Nouvelle (l'église du *Décaméron* cent ans plus tard) est remplie de bières ; Santa-Reparata, la cathédrale, ne contient que trois prêtres, l'un dit la messe, l'autre chante et joue de l'orgue ; le troisième enfin, les mains et les pieds enchaînés (précaution usitée quand le confesseur était jeune, quand la pénitente était belle), se tient au confessionnal. — Pour écouter cette messe ainsi chantée, se tenaient dans les chapelles latérales trois vieilles femmes ridées et boiteuses, et trois dévots appuyés sur leurs béquilles. Où donc était le peuple de Florence? Il était occupé à mourir ou à enterrer ses morts. — Et pourtant c'était le premier jour du mois de mai. L'an passé, sur la place de Sainte-Croix, à cette heure, les jeunes filles chantaient : — *Bonjour au mois de mai*. A cette heure, des fossoyeurs crient : — *Vive la peste !* Voilà tout ce que rencontra le rude vieillard en son chemin; seulement, au milieu des tombeaux, il découvrit une jeune femme pâle et affligée; des larmes amères sillonnaient ses belles joues; elle arrachait ses cheveux noirs, elle se frappait le sein et le visage : son amant était mort. — Femme imprudente et malheureuse, s'écrie Machiavel, pourquoi pleurer ainsi un amant? Où donc est la prudence et la décence? — Mais elle répond : Mon amant! mon amant! Plus de pudeur, plus de devoirs; laissez-moi pleurer! — De là Machiavel se rend à l'église du Saint-Esprit; les frères, sans songer à l'office, se promenaient la tête haute dans l'église, en blasphémant. — Au milieu de la rue, il trouve un mort que nul ne songe à emporter. Dans toute cette course funèbre, il ne rencontre qu'un homme brave. — Pourquoi donc es-tu ici, dit-il à cet homme ? — Parce que j'aime une femme dans Florence, répondit-il. Ils se séparent. Il était quatre heures après midi. Machiavel retourne à Sainte-Marie-Nouvelle, et cette fois, sur les degrés de l'autel, il rencontre une femme parfaitement belle et accablée de douleur. Elle était veuve, et elle se lamentait parce que maintenant elle n'avait plus qu'à mourir !

Tel est ce lugubre tableau, et certes je le préfère mille fois à l'introduction du *Décaméron*. Dans ces pages funèbres brille encore la vieille Florence. Non, point de fêtes, point de fleurs, point de danses, point de festins, plus d'amour pour Florence ! Florence dans ses plaisirs et dans ses fleurs, c'est un mort dans son linceul. Pour la bien voir il faut la voir comme l'a vue Machiavel, et non pas comme l'a vue Boccace. — Pauvre, triste, désolée, belle encore dans son abandon et dans sa douleur, et ne voulant pas être consolée : *parce que maintenant elle est seule au monde et qu'elle n'a plus qu'à mourir.*

IX.

LE CIMETIÈRE ET LE CONCERT.

Voici qu'à force de penser à Florence je me trouve porté dans une ville étrange, que je veux vous décrire avant de la nommer. Vous pénétrez lentement dans une longue rue entourée de sombres arcades, si bien que pas une des maisons de cette ville ne paraît ouvrir sa porte ou sa fenêtre. Sous ces arcades sans fin, glissent comme des ombres les habitants encore plus qu'ils ne marchent ; vous arrivez ainsi au pied d'une tour qui occupe le milieu de la ville, et vous n'avez encore entendu que le bruit du tambour ; en fait de citoyens vous n'avez rencontré que des soldats armés, soldats étrangers eux-mêmes au pouvoir étranger qui gouverne la ville ; à la porte de la douane s'élève un tombeau dessiné par Jules Romain ; le douanier est assis tranquillement sur cette pierre sacrée. Dans un coin de la place, un sculpteur, qui était à coup sûr un grand maître, a construit, il y a longtemps, une fontaine de Neptune entouré des sirènes : le dieu est nu, les femmes qui l'entourent sont nues et belles ; autrefois de ces mamelles remplies l'eau tombait en abondance : ces belles sirènes sont les sœurs jumelles des *Sabines* de Florence. Mais où donc sommes-nous ? et qui peut nous dire le nom de cette ville étrange ? Voici des palais du treizième siècle, voici une vieille prison comme les républiques italiennes aimaient à les bâtir et à les remplir ; voici l'hôtel-de-ville construit à l'usage des vieux cardinaux, gouverneurs édentés du Saint-Père, qui peuvent monter l'escalier sur leurs mules ; plus loin, cachées à l'ombre de leurs arcades, vous rencontrez de vieilles maisons de gentilshommes qui ne sont rien moins que bâties par ce grand architecte qu'on appelle Palladio, riches murailles qu'on prendrait pour des murailles génoises! Quelle est donc cette ville silencieuse et triste, qui cache sa fortune, sa beauté, son origine? On y respire je ne sais quelle odeur enivrante et nauséabonde de théologie et d'atticisme, de poésie et de fleurs fanées, de bibliothèque et de Musée, d'amour et de cimetière, que nul poëte ne saurait définir. Ah! ce n'est plus là la Florence tout enivrée de la lie de ses nobles passions; ah! ce n'est plus là la vieille Pise, toute chargée de ses riches peintures; ah! ce n'est plus là Gênes l'opulente qui étale sa fortune à défaut d'esprit, de courage et de liberté; c'est une ruine pédante et dédaigneuse qui ne ressemble à aucune des ruines de l'Italie. — C'est que, monsieur, nous sommes entrés sans le savoir au milieu de cette vieille cité universitaire appelée Bologne, qui a usé à elle seule plus de vieux parchemins, plus de palettes, plus d'encre à écrire, plus de chaires à prêcher, plus de bonnets de docteurs, qu'aucune des villes de l'Italie; — noble haillon qui a balayé tour à tour l'Église, l'Amphithéâtre, l'École, le Musée ! il sent à la fois le sang, l'huile, la thérébentine et l'encens.

Ce qui s'est passé dans cette ville inerte ne saurait se croire ; elle a tout tenté ; même la magie. Cette ville, qui n'a pas aujourd'hui une voix pour se plaindre, elle parlait jadis aux esprits infernaux. La première fois que le médecin ouvrit un cadavre pour apprendre dans les entrailles de ce mort les secrets de la vie, le médecin et le cadavre étaient de Bologne. La première chaire de théologie fut élevée à Bologne ; on a enseigné à Bologne, bien avant qu'on l'enseignât dans le reste de l'Italie, le droit, la logique, l'astronomie, l'hébreu, le syriaque, le grec et l'arabe. Ces doctes murs se souviennent encore de leur ancienne destination ; l'air est chargé de science, le pavé des rues en est imprégné, les maisons mêmes se sont faites pédantes. Quel grand bruit ce devait être, quand cette immense école était remplie, quand cette armée de professeurs et d'élèves s'abandonnait librement chaque jour à cette dialectique puissante qui devait engendrer tant d'idées et tant de paradoxes ! Ville à part, elle s'abandonnait à l'étude pendant qu'on se battait autour d'elle ; elle restait calme au milieu de tant de fureurs ; dans ses murs, l'enfant et le vieillard venaient, loin du bruit des armes, apprendre les belles-lettres ou s'en souvenir. C'était alors comme un terrain neutre que s'étaient réservé les sciences et les arts, loin des champs de bataille, et sur lequel nul n'entrait les armes à la main.

Plus on avance en Italie, et plus on est frappé de cette spécialité des villes italiennes. Chacune d'elles adopte tout d'abord une passion, un besoin, une façon de vivre, auxquels elle reste fidèle jusqu'à la fin. Celle-ci est née commerçante, celle-là est née guerrière ; l'une s'est passionnée de bonne heure pour les riches palais, l'autre pour les riches musées ; il en est qui se sont éprises, comme des femmes galantes, des bijoux et de l'argenterie, et des belles robes de soie et d'or; d'autres sont jalouses de belles armures ciselées ; celles-ci élèvent des châteaux-forts, celles-là des palais somptueux ; quelques-unes se distinguent par la magnificence de leurs maisons des champs ;

quelques autres, filles perdues des empereurs, aiment le cirque, ou le théâtre, ou les bains publics; plusieurs se ruinent pieusement à élever des églises, des cathédrales et des chapelles; un petit nombre se met à rechercher les livres, s'abandonne corps et âme à la science, et reconnaît pour roi Aristote ou Platon... Ce qui fait l'honneur de Florence, c'est que les nobles passions qui se sont partagé les villes italiennes, Florence les a toutes cultivées à la fois, Florence a été à la fois une cathédrale, une citadelle, un comptoir, un musée, une bibliothèque, une école; mais, comme école, Florence est restée bien loin de Bologne; c'est la seule fois que Florence ait été vaincue par une ville de l'Italie, ce qui est un grand honneur pour Bologne.

Mais, hélas! à cette heure, où donc s'est envolée toute cette science? Pourquoi cette école est-elle déserte? C'est que tout cela manque d'air et d'espace et de mouvement, c'est-à-dire de liberté! Je conçois bien qu'une ville qui n'est qu'un musée ou un théâtre, ou même une cathédrale, meure et s'efface du sein des nations; je conçois Pise déserte; je conçois Florence silencieuse ; je conçois Gênes abandonnée, Venise dépeuplée. Ces ruines sont logiques, elles sont faites d'après cette loi de Dieu et des hommes qui veut que les grands monuments tournent tôt ou tard à la ruine ; mais une école déserte, silencieuse, immobile ! voilà ce que je ne saurais comprendre.

Ce n'est pas que je veuille ici bouleverser l'Italie et la changer de fond en comble ; mais où serait le mal, quand, dans cette Italie captive, les gouvernants auraient affranchi une place de quelques lieues carrées, afin que la jeunesse, à cette même place, pût étudier librement et s'abandonner sans crainte à toute la folie de la science et des belles-lettres, cette douce, utile, admirable et innocente folie ! Puisque cette ville de Bologne s'isolait au milieu des guerres civiles pour étudier la philosophie, la médecine, la théologie, toutes sciences qui demandent avant tout de la liberté, pourquoi donc aujourd'hui n'aurait-on pas isolé l'Académie de Bologne, afin qu'une fois dans leur vie toutes les jeunes intelligences de l'Italie pussent mettre en dehors même leurs rêves? C'eût été beau alors une pareille ville bruyante par la pensée et le travail, comme les autres villes de l'Italie sont bruyantes par l'inaction et le plaisir. Les paisibles jardins de l'Académie athénienne, les portiques de Rome quand régnait Cicéron, les jardins de Salluste, n'auraient pas pu se comparer à cette Bologne italienne et libre; c'était le seul moyen qui restât à l'Italie d'avoir véritablement une école qui fût en honheur parmi les écoles du reste de l'Europe; c'était le seul moyen de dompter au profit de l'ordre, en leur donnant un facile débouché de quelques années, tous ces jeunes esprits turbulents qui s'en vont au loin ramassant au hasard et sans choix toutes les doctrines qui renversent les trônes; Bologne, ainsi placée comme elle est, au centre de l'Italie, eût été un lieu de rafraîchissement et de repos. Ses portes seraient restées ouvertes à tous les esprits mécontents et peu dangereux qui n'ont besoin que de se plaindre. Bologne fût devenue la patrie des poëtes turbulents, des avocats démocrates, des philosophes sceptiques, des catholiques révoltés, de tous les innocents faiseurs d'utopies; seule vivante au milieu de toutes ces villes mortes, seule agissante au milieu de ces villes inertes, seule opposante au milieu de ces villes qui obéissent, elle eût tout à fait rappelé la Bologne du quatorzième et du quinzième siècle qui faisait si indifféremment des républicains et des royalistes, des catholiques et des sceptiques, des prêtres et des philosophes, et qui, ainsi élevés par ses soins, les envoyait au loin entretenir cette agitation éternelle de tous les principes opposés, qui est la vie du monde.

Tel était mon rêve dans ces rues dépeuplées, dans ces écoles sans disciples, dans ces bibliothèques remplies de livres, non de lecteurs. Cela me fatiguait enfin de rencontrer toujours des maisons vides, des palais inutiles, des places désertes. Tant qu'il s'agissait de ces chefs-d'œuvre à part que les vieux Pisans ou les vieux Florentins ont laissés après eux sur la terre, je prenais patience; l'œuvre est si grande qu'elle remplit même la solitude; mais la solitude d'une académie, qui la peut comprendre? Ainsi, j'errais au hasard sous ces arcades, j'entrais au hasard dans ces écoles; par hasard aussi j'entrai dans la galerie de tableaux, muette comme tout le reste. Et faut-il que cette terre d'Italie soit remplie de chefs-d'œuvre, puisqu'au fond de cette ville de Bologne, sombre et silencieuse, brille d'un éclat sans égal, entre les tableaux des trois Carrache et les toiles du Dominiquin, et le *Saint-François* du Guide, et la *Sainte-Cécile* de Raphaël !

Puis vous entrez dans les églises, dans l'église Sainte-Pétrone, dont les portes se sentent du voisinage de Florence : une de ses portes fut sculptée par une belle personne du quinzième siècle, Properzia de Rossi, morte d'amour ! Dans cette église il y avait une statue de Jules II, par Michel-Ange ; mais le peuple de Bologne, moins habile que celui de Florence, a brisé la statue de Michel-Ange. Dans la cathédrale vous admirez le plafond, le dernier œuvre de Louis Carrache à quatre-vingts ans ; dans toutes ces églises qui se ressemblent, vous retrouvez les trois Carrache ; mais si toutes ces églises se ressemblent, on comprend que rien ne les unit entre elles, qu'elles n'ont de commun que les noms des artistes qui y travaillèrent : la pensée première manque à ces monuments épars. Voyageur à peine sorti de Florence et de Pise, où vous avez pu suivre pierre par pierre, statue par statue, la pensée de Dante, vous ne comprenez pas d'où vient le *décousu* de votre admiration présente; à tous les monuments que vous visitez, vous sentez qu'une explication vous manque, et vous ne savez pas laquelle. Ce qui manque, savez-vous, à cette ville de Bologne toute remplie de beaux ouvrages, c'est le grand homme inspirateur. Elle a eu des professeurs sans nombre, elle a donné le jour à bien des philosophes, elle a compté bien des poëtes de passage, elle n'a été guidée par personne, elle s'est élevée comme elle a pu, toute seule. Heureuses les villes qui se rattachent à un chef-d'œuvre comme *l'Iliade*, comme la *Divine Comédie*; celles-là elles ont un guide sûr et fidèle qui réunit à sa voix toutes les intelligences éparses; elles obéissent à une passion unique qui est le centre de toutes les autres; rien ne se fait ni au dedans, ni au dehors de ce peuple, sans le consentement de cette volonté supérieure; elle arrange, elle disperse, elle ordonne, elle construit, elle détruit, elle invente toutes choses; elle donne au peuple qu'elle protége, ses rois, son culte, ses mœurs, ses beaux-arts, sa physionomie tout entière; elle fonde le présent, elle sauve l'avenir, c'est elle qui nomme les siècles ; et quand la destinée de cette heureuse nation, ainsi guidée par un grand poëte, est accomplie, son poëte se tient encore debout dans ses ruines pour lui prêter l'éclat, l'appui et l'immortalité de son génie.

Ainsi, ce qui manque à Bologne, c'est un guide, c'est une pensée, c'est l'unité. Cette ville singulière, consacrée tout entière et si longtemps à l'enseignement universel, a été sans doute traversée par autant d'idées nouvelles, ingénieuses, que Florence même ; mais ces idées à peine écloses se sont envolées comme autant d'oiseaux de passage et pas une n'est restée dans la ville qui l'avait abritée. A peine entré dans ces murs, il vous semble que vous êtes entré dans quelque classe de rhétorique, quand les écoliers sont en vacances. Vous n'avez plus sous les yeux que des bancs noircis, des livres déchirés, des essais informes qu'emporte le vent ; vous avez le nid, vous n'avez pas la couvée : la couvée est autre part qui essaie ses ailes et son chant. Pour me résumer, Bologne est une école dépeuplée et sans souvenir ; Florence est une citadelle qui se souvient de ses meurtrissures, une église

qui se souvient de son Dieu, un palais qui attend son
maître. Bologne, de tous les pédagogues qu'elle a
nourris, n'a pas obéi à un seul ; Florence obéit encore
aujourd'hui à Dante, son poëte ; dans Bologne on
comprend à peine que quelques écoliers de génie sont
venus faire leur tapage d'un jour ; à Florence on retrouve encore des *pas d'homme,* comme disait cet Athénien qui voyait des signes d'arithmétique sur le sable ;
et quels hommes, Michel-Ange et Galilée ! Voilà pourquoi le silence de Bologne vous trouve stupide, pourquoi le silence de Florence vous donne tant à penser.
Bologne se tait sans avoir parlé ; Florence a tout dit
et tout fait, quand elle rentre dans le silence et dans
le repos. Interrogez ces deux échos : — Vous entendez à Bologne des écoliers jaseurs ; — l'écho florentin
vous répètera les sermons de Savonarole et les discours
de Machiavel. Vous le voyez : pour les villes comme
pour les hommes, il n'y a d'égalité nulle part, pas
même dans la mort.

Ainsi vous marchez de tristesses en tristesses. Vous
ne comprenez pas comment la *Sainte Cécile* de Raphaël peut consentir à habiter plus longtemps cette

misérable solitude; votre œil épouvanté s'arrête à peine sur les pans de murailles sur lesquelles restent encore quelques lambeaux de couleurs effacées par l'orage ; vous vous retournez de temps à autre frappé du bruit de vos pas, comme si quelque docteur de l'antique Bologne allait vous suivre ; vous marchez ainsi d'arcades en arcades, et peu à peu je ne sais quel instinct funèbre vous pousse à savoir où donc s'arrêteront toutes ces arcades et à quelle ruine, à quel abîme, à quel néant elles peuvent conduire. Vous allez toujours ainsi tout droit devant vous, abrité contre le soleil ; et quand vous avez fait trois mille pas et parcouru sept cents arcades, vous arrivez. Eh ! donc où voulez-vous arriver ainsi, sinon à un cimetière ? En effet, ces arcades autour de Bologne, ce sont les grands bras que tend le cimetière à la ville, comme l'ogre, pour la mieux embrasser. La ville et le cimetière c'est même chose ; ils sont abrités par le même toit, on y va de plain-pied et malgré soi, et par la force même de la route qui y conduit. Entrer dans la ville, c'est entrer dans ces tombeaux ; la ville et les tombeaux, ils ont la même forme, ils sont entourés du même silence, ils sont habités à peu près par le même peuple. Dormir ici ou vivre là-bas, c'est même chose. Que si vous demandez aux habitants de la ville pourquoi ils n'habitent pas avec les autres morts, ils vous répondront justement : — Parce que c'est la même chose !

Cependant il faut dire qu'à tout prendre, le cimetière de Bologne est plus gai que la ville. Il y a plus d'air, plus d'espace, plus de verdure, les arcades sont plus hautes, les maisons plus blanches et mieux rangées. Il n'y a pas trente ans que la première pierre de cet élégant cimetière a été posée par quelques morts du douzième et du treizième siècles qui ont bien voulu y transporter leur nom et leur épitaphe ; à leur exemple, quelques morts modernes ont consenti à se faire enterrer dans cette terre nouvellement consacrée. Cette ville, qu'on pourrait appeler la Bologne-Neuve, *Villa nova*, est située dans le jardin de l'ancienne Chartreuse ; elle a toutes les commodités et aussi toute la disgrâce d'une ville faite d'hier. Rien ne ressemble à ces tombes neuves comme ces maisons neuves dont on ne connaît encore ni le propriétaire, ni les habitants. Seulement, pour pénétrer sous ces arcades consacrées au repos éternel, il vous faut traverser la vieille église des Chartreux et quelques petits fragments de l'ancien cloître, où se lisent encore les noms de Canali, de Cesi, de Louis Carrache et de la jeune Élisabeth Sirani, l'élève du Guide, aussi grand peintre que la jeune Properzia de Rossi était un grand statuaire ; car Bologne a donné le jour à plus d'un talent féminin excellent. Bologne se souvient encore d'une autre jeune fille, Novella d'Andrea, si savante qu'elle enseignait le droit canon, et si belle qu'elle cachait sa tête derrière un voile de laine. — Pauvres grands artistes qui, malgré leur science et leur génie, restaient au fond du cœur de simples femmes, avec leurs passions, leur terreur, leurs croyances, leurs faiblesses et leur amour !

J'étais donc arrivé sans m'en douter au milieu du cimetière de Bologne ; et à l'aspect de ces grandes pierres blanchâtres surmontées de très-mauvaises statues, j'essayais de me rendre compte du monument singulier que j'avais sous les yeux, lorsque le gardien du champ funèbre vint à ma rencontre d'un air presque aussi satisfait que si j'eusse été un nouveau mort.

Ce gardien, après le pape, du repos de Bologne, est à coup sûr une des créatures les plus extraordinaires que j'aie rencontrées en ma vie. Il a vu construire la première tombe de ce lieu dont il est le maître visible ; il a vu creuser la première fosse, il a vu s'élever, l'une après l'autre, ces murailles, ces arcades, et il a pris sa ville dans un amour dont je ne saurais vous donner l'idée. — Monsieur, me dit-il, apprenez que notre cimetière est encore mieux posé et mieux disposé que la ville de Turin, et qu'il a beaucoup plus de perspectives. Disant ces mots, il me faisait remarquer en effet comment ces longues rues remplies de morts aboutissent toutes à un jardin, à une montagne, à une pièce d'eau, à une prairie ; à travers cette enfilade de tombes, la vue se perd au loin dans la campagne, et sans nul doute c'est là un effet pittoresque. Je ne pourrais vous donner une meilleure idée de ce cimetière, qu'en le comparant au Palais-Royal, à Paris. Le jardin, c'est-à-dire la fosse commune, est placé au centre des arcades ; sous les arcades, à la place des boutiques s'élèvent des tombeaux en marbre ou tout simplement des tombes peintes sur le mur par quelque Giotto en bâtiments ; aux étages supérieurs, je veux dire l'entre-sol, s'ouvrent, gueule béante, des espèces de fours dans lesquels sont renfermés les cercueils vulgaires ; entre les colonnes, à la place où le Théâtre-Français déclame, où le théâtre du Palais-Royal chante ses flons-flons, sont construits quelques mausolées d'élite entre beaucoup de places vides. Seulement le palais funèbre de Bologne n'est pas encore achevé ; il n'a pas encore abattu la *Galerie de Bois,* comme le Palais-Royal de Paris.

Vous jugez de ma stupeur au milieu de ces tombes d'hier, disposées dans un si bel ordre. C'est pour chacun la même tombe peinte par le même peintre ou sculptée par le même sculpteur. — La même boutique pour tous. — Et de même qu'au Palais-Royal il est défendu à l'enseigne du marchand d'empiéter sur la voie publique, au cimetière de Bologne il est expressément défendu de déposer des fleurs sur les tombes, ou même d'y pleurer passé une certaine heure. — Triste cimetière où rien ne manque, excepté les morts !

Oh ! le *Campo-Santo* de Pise, c'est surtout dans le

cimetière de Bologne qu'il faut venir pour le bien comprendre, le saint cloître élevé sur cette terre chrétienne par Orgagna, par Giotto, par le grand Nicolas et Jean son fils, — terre consacrée par les siècles autant que par les chefs-d'œuvre, — cimetière complet où pas un cadavre ne peut plus entrer, — tombes vides qui ont tout dévoré de l'homme enterré là, excepté son nom et sa gloire! Et je ne m'étonnerais pas que cet amateur, qui garde le cimetière de Bologne, ne s'imaginât que lui aussi il fonde un *Campo-Santo* à l'exemple de la république pisane! Ainsi me parlais-je à moi-même quand cet homme, avec un profond soupir :

— Vous cherchez, me dit-il, à reconnaître nos morts; mais soyez indulgent, nous n'avons guère que des morts de trente années, et la terre de Bologne ne produit plus de morts illustres. — Console-toi, lui dis-je, il n'y a plus guère aujourd'hui de royaume qui produise des morts illustres; des vivants illustres, à la bonne heure. Tous les hommes vivants sont illustres, aujourd'hui chacun a sa gloire, sa renommée, son titre à l'admiration et à l'estime; mais aussitôt mort, adieu la gloire et la renommée, le fossoyeur n'a plus qu'un cadavre comme les tiens, un nom sans aucun sens comme les noms placés sur tes tombes. Console-toi.

— Si nous voulions, reprit-il, nous aurions, nous aussi, nos morts illustres, mais il faudrait remonter bien haut. Cette terre a produit plus d'un savant, plus d'un soldat, plus d'un pape; de quel droit se sont-ils fait enterrer autre part? Que diriez-vous si vous voyiez ici les tombeaux des huit papes et des quatre-vingts cardinaux nés à Bologne, et les tombeaux des trois Carrache, et celui de l'Albane, et celui du Dominiquin, glorieux enfants de Bologne? et le corps de l'illustre Beroalde, et la tombe du Guerchin, qui dort à *San-Solvatore,* près de son frère? Nous aussi, si nous voulions, nous aurions nos morts illustres; mais ils dorment couchés çà et là sous les dalles des chapelles; Léonard Alberti, François Francia, Ulysse Aldrovandi, et tant d'autres. Avez-vous vu à Saint-Dominique un tombeau bâti par Jean de Pise et par Michel-Ange à vingt ans? Qu'on apporte ce tombeau dans notre cimetière, et vous jugerez si c'est là un cimetière illustre. Avez-vous vu dans la même église le tombeau de Taddeo Pepoli, et celui du Vénitien Lemfrani, et celui du roi Enzius, fils de l'empereur Frédéric II, dix-huit ans captif à Bologne ? Et que diriez-vous, si là-bas, sous ce saule inutile, entre ces peupliers sans cadavres, s'élevait la tombe du Guide et celle d'Élisabeth Serani, son élève chaste et bien-aimée, empoisonnée à vingt-six ans ; oui, le Guide en personne, ce saint vieillard, dont vous avez sans doute admiré le portrait dans notre galerie, par Simon de Pesaro ? Demanderiez-vous alors où sont nos morts illustres, et refuseriez-vous un peu de reconnaissance à nos tombeaux ?

Et comme je gardais le silence, notre ensevelisseur s'échauffait de plus en plus. — Des tombeaux, disait-il, des morts ! Si nous en voulions à toute force pour orner ce cimetière, croyez-vous que nous serions en peine d'en avoir ? — Il y a dans les églises de Bologne le jurisconsulte Irnerio, un savant du onzième siècle, enseveli dans un cercueil admirable ; il y a Barthélemi Salicetti, dans un tombeau d'André Fiesole ; que sais-je, moi ? Disant ces mots, il marchait rapidement vers une place à part et magnifique, au beau milieu de ce cimetière tout neuf; cette place fait face à une admirable statue en marbre du seizième siècle, qu'un gentilhomme mort d'hier a empruntée au tombeau de son trisaïeul pour la faire placer sur le sien.

Non, monsieur, me dit tout bas le gardien, et cette fois son enthousiasme était à son comble; non, nous n'avons pas besoin d'aller fouiller dans les vieux caveaux, et de démeubler les vieilles tombes, et d'enlever les anciennes statues, et de dérober aux morts d'autrefois leurs noms et leurs armoiries pour parer nos morts d'aujourd'hui. Dieu merci ! la Providence est grande, et pour peu que Dieu me prête vie, je verrai enseveli à cette belle place, que je lui garde, un homme qui est aujourd'hui le maître du monde par la renommée et qui mourra à Bologne. Cette fois, et quand ce grand jour sera venu, l'insolent étranger ne demandera plus, d'un air dédaigneux, à notre cimetière : Où sont les morts ? Au contraire, on viendra de toutes parts pour la contempler à genoux cette tombe illustre. Il me semble que je la vois déjà en marbre et en bronze. Toute l'Europe coalisée rendra les derniers honneurs à cet homme qui l'aura tant charmée. L'Italie, sa terre natale, posera la première pierre du monument ; la France, son élève, fournira le marbre et le statuaire ; la Russie, dont il a écrit les marches guerrières, enverra le bronze ; l'Allemagne qu'il a tirée de sa tristesse maladive, écrira l'inscription funèbre. Oui, ici même, à cette place, s'élèvera ce monument magnifique tout chargé d'ornements et d'emblèmes, et on inscrira sur ce marbre et sur ce bronze le nom le plus populaire de ce monde, et alors véritablement Bologne aura son *Campo-Santo*, grâce à ce vivant illustre qui n'aura pas son égal parmi nos morts ! Disant ces mots, l'honnête fossoyeur avait le délire ; il traçait à l'avance par la pensée et par le geste ce monument fabuleux ; il le faisait aussi haut que la montagne dont il doit être le digne pendant ; il le couchait tout à l'aise, son grand mort, jusqu'à ce qu'enfin, vaincu par la fatigue, il s'assit sur le premier escalier imaginaire de ce monument idéal, c'est-à-dire sur le gazon ; et jugez de mon frisson quand j'entendis le brave homme chantonner entre ses dents jaunies la romance du *Saule*, le grand air du *Barbier*, le finale de *Moïse !* Non content d'élever le tombeau, il se chargeait aussi de l'oraison funèbre : fête complète à son mort, qui, Dieu merci ! n'est pas mort. Notre homme était à la fois son Michel-Ange et son Bossuet !

Avouez, monsieur, que le fossoyeur d'Hamlet est moins amusant et moins logique que celui de Bologne. Le fossoyeur d'Hamlet est un fossoyeur sceptique : devant lui tous les cadavres sont égaux; de l'homme mort il ne voit plus que la boîte osseuse avec laquelle il joue aux boules dans ses moments de gaieté. Le fossoyeur de Bologne, au contraire, il réserve pour les morts le fanatisme qu'on prodigue aux vivants; il n'estime définitivement un homme que lorsque cet homme est bien et dûment couché dans sa bière. A celui-là n'essayez pas de dérober le doigt ou la vertèbre de Galilée, il criera *au voleur !* à coup sûr. D'ailleurs, ce n'est pas lui qui laissera traîner le plus petit ossement humain. — *Nous ne sommes* guère là-dedans que quatre-vingt mille ! me dit-il avec un petit air honteux qui lui sied à ravir.

Je ne sais pas pourquoi j'ai voulu troubler la joie de ce digne homme. — Mais, lui dis-je, qui vous assure que vous vivrez assez longtemps pour voir s'élever ce tombeau? L'homme est jeune, et vous êtes vieux ; il est entouré de gloire, et la gloire fait vivre. Que direz-vous si c'est lui, au contraire, qui pleure sur votre monument? — Ici l'homme leva les yeux au ciel. — Si je n'ai pas de gloire, j'ai de l'ambition, me dit-il ; l'ambition me soutiendra : et d'ailleurs, j'en ai l'espérance, Dieu est bon et lui aussi, et *ils* ne voudront pas me faire ce chagrin-là.

— Et si malheureusement il veut mourir à Paris, sa seconde patrie, où il est aimé plus qu'ici, sans doute, que ferez-vous alors?

J'aurais voulu que vous eussiez vu ce désespoir sur la figure de notre homme. — Monsieur! s'écria-t-il d'une façon solennelle, je le connais ; il ne voudra pas être enterré dans ce chaos qu'on appelle le Père-Lachaise! Et puis je ferais pour lui comme Florence a fait pour Michel-Ange, j'irais la nuit voler son corps. Il n'a pas le droit de dormir ailleurs qu'ici, le voulût-on enterrer au *Campo-Santo* de Pise. Et quel mal lui avons-nous fait pour qu'il nous dise, à nous autres hommes de Bologne, un mot que je n'ai jamais pu comprendre dans la bouche du grand Scipion : *Ingrate patrie, tu n'auras pas mes os !*

Je sortis du cimetière en songeant à la toute-puissance de la gloire humaine, qui peut faire battre ainsi, dans son cercueil de chair, le cœur d'un fossoyeur. Moi aussi je fredonnais un air du *Barbier,* singulier duo de la vie et de la mort, lorsque, passant devant une belle maison italienne, je fus arrêté malgré moi par la fraîcheur et la magnificence de ce beau lieu. La maison se cache en se laissant voir dans l'ombre de quelques vieux arbres qui lui font cortége ; contrairement à l'usage des maisons italiennes, celle-ci était ouverte, animée et bruyante ; de temps à autre, les voix qui causaient et les voix qui chantaient se faisaient entendre ; ainsi dans un salon parisien l'esprit se mêle à la mélodie, si bien que de loin vous confondez la parole et le chant et vous rêvez le reste. Pour celui qui sort d'un cimetière, même le plus beau et le mieux tenu, une maison animée et vivante, c'est là un charmant contraste. Mais, juste ciel !

voilà un homme qui se met à sa fenêtre et qui m'appelle par mon nom! C'est lui, c'est bien lui, c'est notre ressuscité, c'est notre mort de tout à l'heure en chapeau de paille, en veste blanche et si gras, si frais, si rebondi, si reposé, si paresseux, *paresseux avec délices,* comme son barbier. — Vous jugez des embrassements et de l'empressement et des caresses! Me voilà admis dans le frais sanctuaire tout rempli d'idées, de causeurs, de chanteurs, de belles Parisiennes, de douces voix italiennes; et lui, jetant çà et là son esprit et son génie. — Et comment va Paris? Et la France? Et mon boulevard de Gand? Et mon théâtre est-il rebâti? Et que dit-on? Et que ferez-vous? Et tenez, voici le dîner qui sonne : donnez la main aux dames, nous chanterons plus tard. Et voilà que nous sommes à table au milieu des fleurs, et je reconnais le vin de Bordeaux pour en avoir bu, le soir à minuit, dans ce trou qu'il habitait sous les combles du Théâtre-Italien! Bref, la fête a été complète, rien n'a manqué à cette hospitalité d'un riche génie et d'un génie riche : ni la grâce, ni l'abondance, ni le bon goût, ni la bonne chère, ni le vin frais, ni les mots pleins de sel, ni la bonhomie, la bonhomie italienne que vous savez ; et, après ce dîner, savez-vous ce qu'il nous a chanté lui-même? — Le grand air des *Huguenots*, et chanté !

Il m'a reconduit ainsi à mon hôtellerie, toujours causant et promettant de nous revoir cet hiver. — Chemin faisant, nous avons passé devant le cimetière. — Avez-vous vu, m'a-t-il dit, notre cimetière ? — Si je l'ai vu ! j'ai causé pendant une heure avec le gardien ! — Brave homme ! — Vous n'avez pas dans ce monde un admirateur plus enragé. — Aussi je compte bien sur lui. — Dites plutôt que c'est lui qui compte beaucoup sur vous ! — Je ne lui demande qu'un peu de patience, reprit-il ; puis il me serra la main en me disant : — *A demain.*

Et je l'entendis qui s'éloignait en chantant un air français qu'il pourrait bien mettre à la mode, tout comme il y a mis la chanson du *Comte Ory :*

Va-t'en voir s'ils viennent, Jean ;
Va-t'en voir s'ils viennent!

Je crois bien que si l'honnête fossoyeur l'eût pu voir

à cet instant, si heureux, si calme, si rempli de santé et d'idées qui lui sortent par tous les pores, et si jeune et si beau, le malheureux fossoyeur se fût pendu de désespoir!

X.

FERRARE. — PARME. — MILAN.

Pour peu que vous vous détourniez de votre route, de Bologne, cette ruine savante, vous passez dans une autre ruine, Ferrare, qui fut un instant la cour la plus brillante et la plus polie de l'Italie. Là vécut l'Arioste à la suite du cardinal Hippolyte d'Este, et comme l'un de ses domestiques. Et véritablement c'était justice. Arioste le premier, depuis Dante son maître, avait mis la poésie de niveau avec toutes les grandeurs royales, et la royauté s'en vengeait, en traitant avec la poésie d'égale à égale. Ce n'était pas ainsi que Dante était un poëte. Ils jouaient donc en toute liberté avec le facile chanteur, ces honnêtes princes de Ferrare, sans songer qu'un jour la flatterie deviendrait satire et que l'abaissement des poëtes se changerait en infamie pour les princes. — Mais là aussi, à Ferrare, a passé, a vécu, a souffert un poëte, sérieux celui-là, le Tasse. Si celui-là aussi se fût estimé à la taille de son génie, et s'il n'eût pas aimé d'un amour insensé une futile princesse italienne, à coup sûr il eût continué le Dante. Car le Tasse avait foi en sa poésie, car sa tête était haute comme son cœur, car s'il a quitté un instant les sommets sacrés du haut desquels il voyait tout son poëme d'un coup d'œil, ce fut pour se prosterner aux pieds d'une femme de cette cour. Malheureux ! et pour plaire à cette Éléonore, femme indigne de tant d'honneur, il a gâté son poëme à plaisir. Il a presque fait de cette grande action de *la Jérusalem délivrée*, un conte de boudoir ; il a changé les héros de la Palestine en chevaliers langoureux; il a mêlé à toutes ces passions héroïques, toutes sortes de passions efféminées; il a fait pour la poésie ce que Benvenuto Cellini a fait pour la statuaire, une œuvre à l'usage des femmes! Et quel a été le prix de cet immense sacrifice, le prix de cette muse sacrifiée? Le mépris d'une femme, la misère, la folie, l'hôpital! O les malheureux poëtes! malheureux, quand ils s'adressent même aux grands rois, maîtres du monde; mais surtout malheureux quand ils tendent leurs mains et leur génie à ces tyrans éclatants et subalternes de quelques lambeaux de l'Italie, égoïstes et vaniteux souverains de quelques parcelles de ce grand royaume, qui ne savaient ni comprendre le génie ni le récompenser!

Aussi de cette terre où le Tasse a passé en donnant le bras au Titien son ami, et laissant après lui un nommé Guarini qui se croyait son continuateur, c'est l'Arioste qui est resté le maître. Arioste a fait, il est vrai, à la poésie autant de mal que le Tasse, mais il l'a fait en se jouant, en riant de lui-même et des autres. Il n'a été la dupe de personne, pas même sa propre dupe. Sa bonne humeur s'est répandue partout autour de lui, comme a fait la mauvaise humeur du Tasse. C'est que l'auteur du *Roland furieux* n'avait guère la conscience de ses désordres poétiques, pendant que le chantre de la *Jérusalem* sentait au dedans de lui-même le remords de sa poésie profanée. C'est qu'aussi cette terre d'Italie porte légèrement tous les délires, toutes les joies, même les plus insensées ; mais elle ne supporte pas la tristesse. Encore aujourd'hui la folie et la captivité du Tasse gênent Ferrare, et il ne faut rien moins pour le consoler, que la gaieté et la bonne humeur de l'Arioste. Aussi le chantre de Roland et d'Angélique est partout à Ferrare. On vous montre ses vers d'amour à côté des lettres d'angoisses que le Tasse écrivait du fond de l'hôpital au *magnanime* Alphonse. On vous montre son tombeau enlevé à l'église Saint-Benoît et placé au milieu de la bibliothèque. On vous montre sa maison, ornée d'une belle inscription latine que lui-même il avait faite. Cette maison est gracieuse, élégante, entourée d'un jardin assez grand, non *ita magnus,* comme le jardin d'Horace ; là il est mort. — Plus loin, voici la maison où il a été élevé ; là il apprenait en même temps le droit, la philosophie et l'art des vers. — Suivre cet homme, c'est une fête ; mais l'autre, le poëte amoureux et triste, il a vécu sept ans dans un trou que voici ; dans ce trou affreux sont venus le visiter lord Byron et Lamartine. Quoi, sept ans dans cette geôle ! Là est venu aussi le voir Montaigne, à peine sorti du palais des Médicis. Moins heureux que Byron ou Lamartine, Montaigne a vu entre ces murs humides, non pas seulement la pensée du Tasse, mais sa tête chauve, mais son corps brisé, mais sa joue décharnée, mais ce regard éteint qui cherchait encore à découvrir la tour du palais d'Éléonore. Alors le poëte était fou. « Sa propre clarté l'avait aveuglé, sa curieuse et la-« borieuse queste des sciences l'avait conduict à la « bestise, sa rare aptitude aux exercices de l'ame « l'avait rendu sans exercice et sans ame. » Mais que nous veut ce philosophe qui sourit toujours ? C'est au poëte à comprendre les poëtes ! Que c'eût été beau, savez-vous, lord Byron et Lamartine se rencontrant l'un l'autre au lit du poëte, dans ce cachot malsain, protégeant de leurs larmes, de leurs manteaux et de leur génie cet homme étendu sur la paille! mais Montaigne sur le seuil de ce cachot, mais le sceptique, le ricaneur, le goguenard, expliquant à sa manière pourquoi le poëte est devenu un fou, voilà ce qu'il y a de plus triste même dans cette prison.

Les autres morts de Ferrare, cherchez-les, eux ou leurs souvenirs, dans ces palais remis à neuf, dans ces églises badigeonnées. Ces fameux princes de la maison d'Este ont été effacés de toutes les murailles qu'ils ont bâties. On ne regarde plus le château, mais on s'assied encore avec respect sur le banc d'un cabaret où s'asseyait le grand Michel-Ange quand il allait de Rome à Florence, sans daigner accepter l'hospitalité de la maison d'Este. Dans ce château s'est caché Calvin, lorsqu'il tentait de colporter la Réforme en Italie. Insensé! comme si l'Italie catholique, apostolique et romaine était faite pour la Réforme! La cathédrale est du douzième siècle; elle a aussi son *Enfer* emprunté au Dante. Dans cet enfer le peintre Bastinianino a placé sa maîtresse, aussi jolie que la *Vergognosa* du Campo-Santo de Pise. Là est enterré le plus savant dénicheur des dieux de la mythologie païenne, Lilio

Giraldi, un autre pauvre diable mort de faim à cette cour si remplie de beaux esprits. *Je l'ai entendu dire avecque une grande honte de notre siècle!* s'écrie Montaigne. Non loin de celui-là sont enterrés plusieurs princes d'Este chantés par le Tasse et l'Arioste et oubliés aujourd'hui malgré leurs vers, parce que ces vers sont menteurs. Dans l'église de Saint-Benoît, au milieu des anges, le peintre Dosso-Dossi a placé l'Arioste : c'est un honneur que lui a fait aussi Raphaël au Vatican. A la porte du couvent de Saint-Dominique reposait un des plus fervents ennemis de Cicéron, nommé Calcagnini; le tombeau de cet homme est brisé : rien ne porte malheur comme de parler mal de Cicéron. A Saint-Paul, il y a plusieurs tombeaux fort riches et sans noms connus : le marbre seul est resté. L'église Sainte-Marie est la plus vieille église de Ferrare; saint Guirini ressemble, dit-on, au Guarini, l'auteur du *Pastor fido*. La belle invention! Dans l'église voisine est enterré Hercule Strozzi, assassiné par le duc Alphonse Ier, pour avoir adressé des vers d'amour à la maîtresse du prince. Autour du jeune poëte reposent les plus vieux artistes de Ferrare, Florentins égarés dans cet ingrat royaume. Entre autres mausolées, on s'arrête auprès de la tombe d'une petite fille, Julia Bentivoglio, l'enfant bien-aimée du poëte satirique, aussi célèbre que la fille de Dupérier, adoptée par Malherbe ; et tout en face, sous cette pierre nauséabonde d'où s'exhale une odeur cadavéreuse, savez-vous qui donc on a jeté? La fille doublement incestueuse d'Alexandre VI, Lucrèce Borgia !

A Saint-Onuphre, dans un coin retiré, il y a une pierre à peu près sans épitaphe. Là est couché le Tasse, plus à l'aise que dans le cachot de l'hôpital. Cette lente promenade à travers les tombeaux est un des plus solennels passe-temps de l'Italie. A chaque pas que vous faites dans ces ruines, vous évoquez les grands hommes qui ne sont plus. Vous touchez leurs cendres, vous entendez leurs voix. Voilà en effet le grand charme qui vous retient dans ce silence et dans cette désolation. Mais il est temps, quittons Ferrare, ce trône vermoulu, comme Bologne est une chaire brisée. De ce trône occupé par tant de princes fastueux, il ne reste plus que les quatre morceaux de bois sans dorure, et quelques lambeaux du velours qui les couvraient.

Nous avons aussi traversé, mais en courant, un petit coin de terre où la révolution de juillet n'est pas reconnue. Quel malheur pour la révolution de juillet, et comment ose-t-elle vivre encore, sans la permission du duc de Modène, ce fou furieux ! Ce prince maniaque, s'il en fut, possède quelques belles toiles du Guerchin, des trois Carrache, d'André del Sarte ; les Parisiens de juillet se prosternent sans hésiter devant ces beaux ouvrages qui ont gagné, en passant par le Louvre, je ne sais quel éclat tout nouveau. Il n'est pas de musée en Italie qui ne possède ses toiles de prédilection enlevées par la conquête, et qui ne se fasse honneur de cet enlèvement. Dans certaines villes, à Florence, par exemple, le plus fanatique amateur des arts s'avoue à lui-même que ce Raphaël ou ce Giotto est à sa place ; mais à Bologne, mais à Ferrare, mais à Modène, on se sent saisi de pitié pour de pareils chefs-d'œuvre arrachés au musée de France, et condamnés à ce *carcere duro*. Tout ce pays de Modène est triste, misérable, inerte. Croiriez-vous que

Dante, le roi de l'Italie, est proscrit à Modène, et que les douaniers s'en emparent comme d'une marchandise de contrebande? Vous voyez que la révolution de juillet a de quoi se consoler.

Nous avons aussi traversé Reggio. Au coin d'une rue, on nous a montré le portrait de Brennus, sculpté, dit-on, d'après nature. Ce Brennus, notre trisaïeul, a formulé d'une façon digne de Machiavel une terrible vérité politique — *Malheur aux vaincus!* Sa physionomie est peu avenante. — Après Reggio arrive, en se traînant lentement, Parme, qui appartient à cette malheureuse femme sans nom aujourd'hui, après avoir porté le plus grand nom de l'Europe. La bibliothèque possède, entre autres curiosités, le livre d'heures de Henri II et le psautier de Luther, deux ennemis qui se sont battus à outrance, le *livre d'heures* et le *psautier;* il y a aussi un exemplaire du Coran trouvé par Sobieski dans la tente du visir Kara-Mustapha. — Il y a aussi le Pétrarque, que François Ier, le brave et spirituel gentilhomme, portait à Pavie, digne *Iliade* d'un tel Alexandre. La galerie de tableaux possède un admirable Corrége acheté à l'auteur 40 sequins, deux voitures de bois, six mesures de froment et un pourceau bon à tuer. En 1798, la république française, qui n'avait pas de souliers à ses pieds, refusait un million de ce même tableau que depuis nous avons rendu pour rien. Et j'ai entendu plusieurs fois de grands politiques se demander comment il se faisait que ces petits princes d'Italie étaient comptés pour quelque chose ? C'est que vraiment, à défaut de la fortune, de la puissance, et des armées, qu'ils n'ont pas, ces petits princes d'Italie possèdent des chefs-d'œuvre d'un prix inestimable ; c'est qu'ils règnent en effet sur tous les peuples policés de l'Europe, du droit même de ces chefs-d'œuvre, qu'on peut appeler à juste titre *le droit divin*; c'est qu'en un mot il est impossible de ne pas ranger parmi les personnages importants de ce monde un prince qui possède ces beaux livres de la bibliothèque de Parme, et les deux Corréges de la galerie, et le saint Jérôme du Guerchin, et cette adorable vierge de Van Dick, et la sainte Catherine d'André del Sarte. Niez tant qu'il vous plaira le duc ou la duchesse de Parme, mais vous ne nierez pas à coup sûr son Titien et ses Carrache. Dans la cathédrale de Parme est élevé un cénotaphe à Pétrarque, *archidiacre et chanoine;* Augustin Carrache est enseveli tout auprès. — Le dôme de Saint-Jean est tout entier de la main du Corrége; sur toutes ces murailles, le Corrége a jeté sa grâce, sa couleur, son esprit; il est partout, il suffit à toutes choses. Quand un de ces grands artistes de l'Italie a une fois épousé une ville, il lui reste fidèle jusqu'à la fin, il la pare de toutes ses forces et de tout son cœur, il lui prodigue avec une profusion insensée toutes les ressources de son âme. Bientôt elle et lui, ils ne font qu'un, et quand la ville est morte, le grand artiste vit encore pour la protéger; et nulle force humaine ne peut le tirer de ces ruines qu'il habite. Et il n'y a pas de conquérant, pas même l'empereur Napoléon, qui soit le bienvenu à lui dire : — *Corrége ou Titien, lève-toi et suis-moi dans ma gloire;* et quand par violence la conquête a arraché quelque fragment de ces chefs-d'œuvre, vous voyez bientôt le chef-d'œuvre revenir de lui-même à la place qu'il a perdue. — Parme possède un caveau funèbre qui contient la tombe d'Alexandre Farnèse, ce grand capitaine, estimé de Henri IV. — Quelques poëtes se sont égarés parmi les tombes royales, mendiants après leur mort, tout comme ils avaient été des mendiants pendant leur vie. — On vous montre aussi la maison de Pétrarque, austère amoureux de l'école du Dante. Heureux poëte, ce Pétrarque, amoureux toute sa vie d'une honnête femme, — la gloire du monde, — couronné au Capitole. — Mais que faire? Comment tout voir? A Dieu ne plaise que j'écrive ici un *itinéraire* en Italie. — Et puis j'ai hâte d'arriver; je me rappelle ce que dit Dante à Virgile dans la *Divine Comédie.* — *Pas tant de discours, et passons notre chemin.*

Non regionem di lor !... ma guarda passa.

Aussi bien à présent tout ce vagabondage poétique me fatigue; je suis à bout de cette étude pénible et charmante. Cette façon d'aller çà et là, à travers mille découvertes, pour découvrir quelques rares vestiges de tant de grandeurs évanouies, ne saurait convenir qu'à un antiquaire par métier. Cette fois la patience me manque, aussi bien que la science, pour trouver dans la poussière de ces petits royaumes la perle enfouie, comme aussi le guide me manque. Je ne sais plus à qui me rattacher. C'était bon à Florence quand à chaque pas j'étais sûr de retrouver le grand poëte de la république ; mais ici, mais à Parme, mais à Plaisance, mais à Reggio, à quoi voulez-vous que je me rattache dans cette Italie que nous avons gagnée dix fois, que dix fois nous avons perdue, et qui maintenant appartient à tout le monde, excepté à la France et à l'Italie !

Et puis j'ai hâte d'arriver, car je comprends confusément que je marche à une triste ville. Il y a làbas sous le soleil, au milieu d'une vaste plaine, une ville placée là on ne sait pourquoi. Pour aller à cette ville le chemin est plus que rude, il est plein d'ennui. Vous traversez sur d'excellentes routes une campagne fertile, admirablement cultivée et déserte. Les chaumières sont à peine habitées, les châteaux sont fermés. Plus de joie, plus d'Italiens, plus de chansons, plus d'heureux paysans, plus de jolies filles aux cheveux relevés par une aiguille d'or. Plus de ces chars antiques traînés par ces grands bœufs qu'on dirait nourris dans les campagnes de Rome. Ainsi vous passez non loin de l'Adda, du Tésin et du Pô, sans voir un fleuve. L'herbe pousse dans les villes que vous traversez. Les villages sont remplis de misère, et pour toute décoration, sont suspendues aux fenêtres les guenilles des habitants. Les femmes sur leurs portes, la chevelure ébouriffée, se livrent, l'une accroupie sur l'autre, à une chasse dégoûtante. Chemin faisant, vous rencontrez dans de vieilles voitures, autrefois dorées, les gros habitants du pays ; à ces riches voitures sont attelées avec des cordes de maigres haridelles. Cette fois la mendicité italienne se montre à vous dans toute sa laideur ; c'en est fait, vous quittez la véritable Italie, libre encore à force d'esprit, d'insouciance et de bonne humeur. Vous entrez de plain-pied dans une ville obéissante et silencieuse, qui courbe sa tête sous un joug de fer, en un mot vous êtes à Milan.

Je me souviendrai toute ma vie de cette triste impression. Il me semblait que j'entrais à Milan, les fers aux pieds et aux mains, traîné dans la charrette de Silvio Pellico, du comte Gonfalioneri ou de notre courageux compatriote Andryane. A peine entré dans ces grands murs, j'aurais voulu déjà être dehors. Je n'avais envie de rien voir, non, pas même le cachot, pas même le tribunal.

Cependant je me trouvai en présence de la cathédrale. Il était midi. Un affreux soleil tombait d'aplomb sur cette montagne de marbre blanc, si bien que mon regard ébloui pouvait à peine distinguer ce qui se passait sur ces arides sommets. Chose étrange en effet et que je ne saurais vous dire, car dans cette immense clarté et sur cette montagne découpée en festons, en losanges, en arcades; à travers cette forêt de flèches, d'ogives, d'arceaux gothiques ; entre ces clochers menaçants, ces colonnes, ces bas-reliefs, je voyais à coup sûr grimper et descendre et prier et blasphémer et s'agenouiller et se porter incessamment de haut en bas, à droite, à gauche, par devant, par derrière, tout un peuple confus d'hommes et d'anges, de démons et de martyrs, de vierges et de filles de joie qui parcouraient incessamment cette haute montagne. C'était un désordre incroyable, épouvantable, immense ; ils s'agitaient dans tous les sens, dans toutes sortes de postures et parlant toutes sortes de langues, comme on en devait parler à la tour de Babel. Oui, c'est cela, la cathédrale de Milan, c'est la Babel moderne. Les fondements en sont jetés par une main intelligente et ferme. Les premiers chrétiens, dans leur ardeur fervente, ont posé ces nobles pierres. En ce temps-là, l'architecte et le maçon, la tête et la main, tête croyante et main chrétienne, s'associaient pour élever à Dieu, tant que durait leur vie, un saint temple qui racontât aux siècles à venir la ferveur des premiers croyants. Le vieux génie catholique a jeté là tout d'abord ses plus nobles caprices, ses inspirations les plus austères. Mais le temple marchait lentement, pendant que le temps allait vite. Quand les premières murailles eurent dévoré plusieurs générations de maçons et d'architectes, il se fit du côté de Florence ce grand mouvement que vous savez ; l'art gothique fut remplacé par l'art nouveau, et alors accoururent au dôme de Milan tous les artistes du quatorzième, du quinzième et du seizième siècle, et alors voici un nouveau peuple de marbre qui grimpe plus haut que le peuple primitif. Peuple élégant, léger, court-vêtu, qui d'un pied déjà dédaigneux grimpait sur l'épaule des premiers apôtres déjà chargés de la mousse verdâtre des vieux temps. Puis peu à peu la renaissance s'en va, faisant place à une nouveauté plus habile et moins sainte; Raphaël remplace Michel-Ange, Arioste détrône Dante; de cette révolution nouvelle le dôme de Milan se ressent jusqu'en ses fondements; ce peuple de marbre change cette fois encore de modes et de costumes; hier encore il y avait de la croyance dans ces marbres, aujourd'hui le doute a pénétré même dans ces poitrines de pierre, et avec le doute, la lutte, la résistance; Martin Luther jette sa révolte jusque sur ces blocs inanimés; cependant, au pied de ces hautes tours, sur la terre qui les porte, toutes sortes de révolutions s'agitent, toutes sortes de vainqueurs passent en criant : *Victoire!* Et nonobstant, la sainte muraille monte toujours. A chaque nouveau vainqueur, à chaque passion nouvelle qui règne sur la terre, c'est une nouvelle statue qui se dresse là-haut, toute chargée de l'orgueil, des espérances et de la vanité du vainqueur. Les peuples qui ont commencé cette œuvre sont maintenant les seuls qui ne soient pas admis à inscrire sur ce dôme leurs craintes, leurs espérances, leurs déceptions, leur louange ou leur blâme ; il n'y a que les conquérants pour oser parler de ces hauteurs ; chaque homme armé qui passe sur ce marbre tire son sabre, et avec ce sabre, changé en ciseau, il se sculpte lui-même une statue à sa louange et à sa taille. Ainsi ont été créées et mises au monde les quatre mille statues qui surchargent le dôme de Milan. Napoléon Bonaparte est le dernier qui ait travaillé à cette montagne. — Et comment voulez-vous, après cela, que pareille œuvre soit grande et complète ? Comment voulez-vous rien comprendre à ce livre où chaque main mortelle est venue écrire une ligne tout de suite interrompue par un nouveau venu, qui voulait écrire à son tour ? Comment voulez-vous vous retrouver dans ce dédale ? Comment rien voir dans ces ténèbres, rien comprendre à ce *tohubohu* universel de tous les styles, de tous les âges, de toutes les passions, de tous les systèmes, de toutes les victoires, de tous les rêves de l'Italie ? Ce qui fait, savez-vous, l'honneur de la cathédrale de Cologne, par exemple, c'est que la pensée qui l'a commencée ne l'a pas achevée. La cathédrale en est restée à ses premières colonnades, plutôt que de changer d'architectes. Ce qui fait l'honneur du dôme de Florence, c'est que les grands artistes, artistes de la même école, qui l'ont entrepris, ont couronné l'édifice ; l'unité, voilà la vie des grands monuments, comme elle est la vie des grands peuples ; et voilà justement pourquoi sur ce marbre de Milan, noir à sa base, blanc à son sommet, parmi ce peuple de statues que rien ne lie entre elles, filles sévères de l'art gothique, capricieux enfants de la renaissance, malheureuses imitations de la statuaire antique, efforts désespérés de l'art moderne ; dans cette confusion complète et sans remède il m'est impossible de reconnaître autre chose que les membres épars de toutes sortes de poëmes misérablement interrompus. — *Disjecti membra poetæ.*

Telle est cependant l'illusion de ces œuvres sur lesquelles se sont usées des générations entières, tel est le privilége de l'architecture, ce grand art qui est presque sûr de notre admiration, pourvu que l'œuvre qu'il élève soit dressée sur des dimensions immenses, que dans toute cette confusion étrange, dans ces quatre mille voix qui parlaient toutes à la fois, il me semblait que je distinguais toutes les paroles de ce concert de géants commencé par Charlemagne, achevé par Bonaparte. Oui, en effet, j'entendais les vieilles statues gothiques entonner d'une voix formidable l'*Hosanna in excelsis*. Venaient ensuite des voix plus grêles, mais plus savantes, qui chantaient le *Veni, Creator !* D'autres statues, les mains jointes, chantaient le cri des batailles; la religion venait d'entrer dans le domaine de la politique ; puis tout là-haut cessaient soudain les chants de guerre, s'arrêtaient les prières commencées; le doute voltairien faisait entendre son rire sceptique et goguenard, jusqu'à ce qu'enfin s'élevât la grande voix de l'empereur Napoléon, appuyé sur son épée, et entonnant le *Te Deum* universel ! concert immense où se glissaient tous les bruits de l'histoire ; puis après un repos solennel, les voix d'en bas reprenaient de plus belle l'*Hosanna in excelsis ;* et ce grand bruit toujours nouveau, toujours vainqueur, enveloppait la sainte cathédrale depuis sa base jusqu'à ses sommets les plus élevés, et alors toutes ces voix divergentes faisaient silence, ou bien elles se confondaient les unes et les autres dans la même adoration !

Voilà ce que j'ai vu et entendu au pied du dôme de Milan, aussi distinctement que si j'eusse été au balcon du Théâtre-Italien, ou tout au moins, si j'eusse été ravi dans ce troisième ciel où fut saint Paul; mais hélas ! mon extase ne dura pas. La plus dure des réalités, la réalité autrichienne, vint me tirer de cette contemplation. A peine entré sous le dôme, il me sembla que cette fois j'étais bien le jouet d'une illusion. Figurez-vous donc que la vieille église, que je m'attendais à trouver si calme, était livrée corps et âme aux plus horribles badigeonneurs qui aient jamais sali un beau monument gothique. Tous ces messieurs étaient à la besogne ; ils faisaient la toilette du dôme pour le prochain et troisième couronnement de S. M. l'empereur d'Autriche. Pauvre église, dans quel état ils vont te mettre ! Quand j'y entrai, *le célèbre décorateur Farantini,* comme il est dit dans la *Gazette d'Augsbourg,* avait lâché tous ses ouvriers contre le saint monument. Des planches de sapin entouraient cette puissante colonnade; le sapin recouvrait cette riche mosaïque ; les deux chaires, que supportent des bronzes admirables, attendaient leur chemise de sapin ; le sapin cachait déjà en partie les dix-sept bas-reliefs du chœur ; le sapin déshonorait le mausolée de Jean-Jacques des Médicis, marquis de Marignan, un mausolée de Michel-Ange, élevé par le pape Pie IV à son terrible frère ! Comme aussi sous le bois ignoble allait disparaître le baptistaire ; et en même temps d'immenses travées de ce même sapin coupaient l'église en deux parties, et la riche peinture de la voûte disparaissait sous le sapin ; et quand tout ce sapin abominable sera posé, viendront alors les élèves du célèbre Farantini, qui chargeront tout ce sapin de colonnes, d'écussons, d'emblèmes, de statues, de bas-reliefs, comme s'il n'y avait dans la cathédrale de Milan ni colonnes, ni écussons, ni statues, ni bas-reliefs ! Bien plus, ce même bois stupide qui recouvre tout ce bronze, tout ce marbre, tout ce porphyre, il prendra sur-le-champ la couleur du bronze, du porphyre ou du marbre ! Aux travées qui partagent l'église seront suspendues en plein jour des lampes brûlantes ; les autels, le maître-autel de François Brambilla, et le tombeau du cardinal Frédéric Borromée, seront cachés par de magnifiques tentures rouges ; la statue de Praxitèle, cet horrible et admirable écorché, devenu un saint martyr, sera drapée dans un flottant manteau bleu ou vert ; et quand ainsi toute l'église sera disposée comme pour un manége, quand on ne pourra plus distinguer sous toutes ces planches amoncelées, ni une statue, ni un tableau, ni une tombe, pas même la statue de sainte Catherine, alors vous pourrez entrer dans cette église ainsi parée, magnanime empereur ; alors vous pourrez lui servir de cortége, ambassadeurs venus de toutes les parties du monde ; alors la fête sera complète, le théâtre sera digne du drame représenté ! Combien je porte envie à l'homme sage qui, dédaigneux de ces tentures, montera pendant le couronnement au sommet du dôme, et découvrant d'un regard toute la Lombardie entre ses deux montagnes, frappera du pied ce marbre brûlant, receleur de tant de grandeurs de passage ! Celui-là, en effet, sera plus riche et plus puissant que toutes les grandeurs qui seront sous ses pieds, car du haut du dôme il sera en effet sans luttes, sans combat, sans armée, sans *carcere duro*, sans résistance, le véritable souverain de cette Italie autrichienne qui n'est plus l'Italie, hélas! et qui ne sera jamais l'Autriche.

Tel était le désordre de la cathédrale de Milan, ce jour-là, que ce fut à grand'peine si je pénétrai dans la chapelle ou plutôt dans le caveau où repose le corps de saint Charles Borromée, le maître, l'archevêque et, qui mieux est, le bienfaiteur de cette contrée. Son corps est exposé dans une châsse en vermeil qu'entourent d'excellents ornements. Mais ce jour-là le corps du saint était sans honneur; pas une lampe à son cercueil, pas une fleur à son autel; on ne pensait qu'à l'empereur qu'il fallait couronner. Saint Charles Borromée attendra; il est patient, parce que sa mémoire est éternelle dans ce pays, dont il a été le sauveur.

Vous comprenez, sans doute, que cette visite à la cathédrale, au milieu de pareils apprêts, n'était guère encourageante. Le moyen de bien voir dans pareil désordre? Or ce désordre occupait toute la ville. Le couronnement était la grande occupation, la grande préoccupation de tous ces hommes, italiens ou non, étonnés eux-mêmes de tant d'activité. Sur le chemin du cortége impérial on badigeonnait, à grand renfort de chaux vive, les maisons en ruine, image trop fidèle de ce royaume lombard qui n'est qu'un sépulcre blanchi. — Et passant devant la *Scala*, le célèbre théâtre, j'eus la curiosité d'y entrer; la salle était livrée aux décorateurs aussi bien que la cathédrale; on l'arrangeait à peu près comme nous avons vu le théâtre de l'Odéon si souvent arrangé et dérangé. La *Scala* est immense; mais peut-on juger d'un théâtre sans spectateurs et sans comédiens? Le jour du couronnement, la *Scala* sera plus éclatante à coup sûr que la cathédrale. — Plus loin, à l'extrémité de la ville, on a construit une espèce d'amphithéâtre romain, parodie misérable de ces théâtres éternels de la Rome impériale, et dont on dit tant de merveilles. Cet amphithéâtre de Milan n'a que les apparences de ces grands cirques dont les ruines étonnent encore. Vous sentez sous vos pas que la pierre tremble, vous comprenez que le théâtre s'écroulerait pour peu qu'un peuple d'hommes y vînt prendre place. Afin que l'imitation soit complète, ce théâtre peut au besoin se remplir de quelques pouces d'eau ; mais où sont les lions et les gladiateurs de cette arène? Où sont les crocodiles et les baleines de cette naumachie? De toutes les imitations, l'imitation des géants est la plus misérable. De ce cirque enfantin vous passez à un autre plagiat : un arc de triomphe qui mène au Simplon, commencé par Napoléon, usurpé tour à tour par tous les usurpateurs qui sont venus après lui. Il me semble que c'était bien assez de lui reprendre ses conquêtes, sans lui prendre encore les quelques pierres qu'il avait élevées l'une sur l'autre à sa gloire.

Sic vos non vobis ædificatis!

Voulez-vous cependant que nous fouillions encore dans toutes les parties de cette grande ville, si correcte et si bien gardée? N'êtes-vous donc pas, comme moi, las de ruines et de chefs-d'œuvre ? Voulez-vous donc aller toujours ainsi de palais en églises, et souffler à perdre haleine cette poussière épaisse des vieux temps ? N'est-ce pas là une grande fatigue, une grande misère, surtout quand toutes ces œuvres éparses manquent d'unité, et quand il faut que la description les réunisse au hasard ? Milan, ce n'est plus Pise, si vieille, où l'on est seul ; ce n'est plus Florence, si ingénue, qui se montre à vous telle qu'elle est d'un coup d'œil ; ce n'est plus Bologne, régulier cimetière ; ce n'est plus Ferrare, trône brisé ; c'est quelque chose de grand comme est Paris, mais un Paris correct et gardé à vue, et disjoint, où pas une partie de la ville ne tiendrait à l'autre partie. Si bien qu'à Milan vous ne pouvez pas dire — Voici le faubourg Saint-Germain ! — Voici le faubourg Saint-Antoine ! — Voici la rue du Helder ! Ce sont toutes sortes d'éléments, de curiosités, de soldats étrangers, et de citoyens aussi étrangers que les soldats, perdus dans le même silence et dans la même confusion. Retrouvez donc votre route dans ce labyrinthe ! Distinguez donc l'Allemand de l'Italien, le maître de l'esclave, dans ce désert ! On marche à tâtons en portant les mains de temps à autre sur son passeport, ce qui est un grand trouble pour qui veut voir les fresques de Luini à Saint-Barnabé, les statues de Lorensi à Notre-Dame, bâtie par le Bramante, et le tombeau de Jacques Trivulce, le hardi aventurier, et un tableau de ce même Bramante à Saint-Sébastien, car en leurs jours de repos, ces grands architectes s'amusaient à peindre comme ils auraient joué aux osselets; et ce tombeau de Matthieu Visconti, digne de Jean de Pise, et les seize colonnes antiques de Saint-Laurent, plus vieilles qu'Attila, le fléau de *Dieu et des villes antiques;* et cette église Saint-Ambroise, dont saint Ambroise ferma les portes à Théodose, empereur, après le meurtre de Thessalonique, et enfin... mais alors il faut s'arrêter, pénétré d'un saint respect, dans le réfectoire du couvent de Sainte-Marie : voici la Cène de Léonard de Vinci.

Ce réfectoire est une salle basse, humide et mal close; l'eau y pénètre encore pendant l'hiver; elle a longtemps servi de prison et de corps-de-garde, et Dieu sait de quelles profanations elle a été le théâtre! A la fin cependant il y eut un nommé Raphaël Morghen, qui découvrit au fond de cette salle, sur le mur à droite, je ne sais quoi de bleu et de rouge, avec quoi il composa cette admirable gravure que vous savez, le Christ rompant le pain avec ses disciples. Oui, sur cette muraille couverte de tant d'outrages, pour quelques moines ignorés et ignorants, Léonard de Vinci a produit ce chef-d'œuvre sans égal, dont vous pouvez encore admirer les faibles vestiges. Suivez avec soin tous les personnages de cette immense composition, et vous allez tous les reconnaître, le Christ et saint Jean, et saint Pierre, et Judas l'Iscariote ; et pas un de ces hommes qui tout à l'heure vont changer la face du monde ne ressemble à l'autre ! En vain le temps impitoyable et la guerre stupide sont venus se heurter contre cette muraille ; ils n'ont pu effacer tout à fait le génie qui protége ces moellons et ces plâtres. L'œuvre existe encore ainsi effacée, ainsi mutilée, ainsi insultée. C'est bien le cas de dire, comme dit Hamlet du fantôme de son père : — *Je l'ai vu avec l'œil de mon esprit.*

Ce Léonard de Vinci est tout à fait un artiste à la taille de ses prédécesseurs de Florence. François Ier le voulut avoir en France, comme il voulut avoir Cellini. A la bibliothèque *Ambroisienne,* qui est l'œuvre du cardinal Borromée et l'une des plus intéressantes curiosités de Milan, on vous montre les manuscrits de maître Léonard, architecte, sculpteur, ingénieur, chimiste, mécanicien, poëte, tout ce que peut être un homme. On voit là aussi le *Virgile* de Pétrarque ; sur la première page de ce *Virgile* il est parlé de Laure. Parlerons-nous des lettres de Lucrèce Borgia au cardinal Bembo, accompagnées d'une mèche de ses cheveux fins et doux comme la soie, la tigresse !

Mais il est temps, il est temps, d'en finir. Plus j'avance dans ce voyage à peine commencé, et plus je me sens fatigué et incapable d'aller plus loin. L'admiration est un lourd fardeau à porter, savez-vous ? surtout quand, à chaque pas, un simple ignorant comme moi se veut rendre compte de ce qu'il admire. Depuis tantôt deux mois que je me promène de merveilles en merveilles, je sens que j'ai déjà besoin de repos. Je n'y vois plus, je n'entends plus, je suis ébloui, je demande grâce et pitié à l'Italie ! Donc, s'il vous plaît, je n'irai pas à Venise, je n'irai pas à Rome, je n'irai pas à Naples, malgré le proverbe, *voir Naples et mourir !* Je le sens, je n'ai plus à mes ordres assez d'enthousiasme pour entreprendre à présent ce

voyage. Laissez-moi me rappeler à moi-même ce que j'ai déjà vu ; donnez-moi au moins une année d'intervalle entre Florence et Venise, entre Rome et Naples. J'ai la vue courte et l'haleine comme la vue. Donc, permettez que nous fassions halte quelque part, pourvu que ce ne soit pas à Milan. On me disait à Milan :
— Mais restez au couronnement ! Mais vous partagerez ces dix jours de fêtes, de cérémonies, d'entrées triomphales, de présentations brillantes, de spectacles et de bals ! Mais vous verrez la couronne de fer de Charlemagne et de Napoléon ! Mais vous irez de Milan à Venise, et, pour cette fois seulement, vous trouverez Venise toute resplendissante de mille feux comme au jour où votre empereur Napoléon fut couronné ! — Grand merci ! leur disais-je, pour moi ce sont là de trop grandes fêtes, et aussi pour Milan, et aussi pour Venise. Je ne veux point d'une Venise parée comme est parée votre cathédrale. Je vous laisse à votre triomphe et à votre grand bruit d'une heure ; tant d'éclat va mal à vos ruines, je ne saurais reconnaître la vieille et sainte Italie sous le fard impérial. Je vais chercher quelque

part, loin d'ici, en Suisse, derrière le Splugen, un peu de mousse verte, un peu d'ombre, un peu de silence, ou le bruit d'une cascade, pour me remettre de tant d'émotions accumulées, et je quittai l'Italie aussi heureux que lorsque j'y entrais pour la première fois.

XI.

Mais cependant vous voulez savoir comment je me suis retrouvé à Paris et quelle route j'ai suivie, — je vais essayer de vous le dire :

J'étais donc à Milan, occupé à tout voir, mais encore une fois, bien fatigué de cette admiration universelle ; déjà autour de moi, tourbillonnaient tous les chefs-d'œuvre, dans une confusion indicible. A force d'étudier et d'admirer toutes choses, j'en étais arrivé à ne plus rien voir, à ne plus distinguer un seul tableau dans cette foule de toiles illustres, à ne plus découvrir une seule statue dans cette armée de statues. Je demandais grâce et pitié aux beaux-arts de l'Italie! Il me semblait que je les voyais tous danser en rond autour de moi, comme dans une ronde fantastique, ces grands hommes, l'honneur de l'art, Jules Romain. Le Titien, Salvator Rosa, Paul Véronèse, le Tintoret, les Carrache, le Dominiquin, le Primatice, qui ont jeté en tous lieux, çà et là, dans les palais, dans les églises, sur les murs, hors des murs, l'éclat, la grâce et le caprice de leur génie! Et d'ailleurs, l'avouerai-je? Milan avait un air de fête inaccoutumé qui faisait mal à voir. Parlez-moi, pour la fête de chaque jour, d'une ville disposée comme est Florence! Florence est faite pour la fête éternelle! Florence est la fille des plaisirs et des murmures intimes. Florence c'est la causerie parisienne dégagée de toute ambition, de toute politique, de toute cette agitation fiévreuse que jettent chaque jour dans nos villes la tribune et le journal. Aussi rien ne vous étonne dans la joie de Florence, dans cette gaieté toujours toute prête, dans cette hilarité de bon goût qui se respire comme l'air. Mais à Milan, tout au rebours. Figurez-vous une ville solennelle et sérieuse, mais sérieuse comme une ville italienne, malgré elle, forcément et sous le coup des baïonnettes. Rien qu'à entrer dans ces murailles si bien gardées, on comprend que la liberté n'est plus dans la ville. Eh! qui vous parle de liberté? On comprend que l'autorité étrangère est présente, qu'elle se tient là-dedans immobile, silencieuse et tout armée, qu'elle commente les moindres paroles, qu'elle explique les moindres gestes, qu'elle a à ses ordres des prisons profondes, les plombs de Venise; un peu plus loin, et à défaut des plombs de Venise, une citadelle de glaces et de neiges éternelles, au Spielberg! Et vous, qui revenez tout charmé de l'autorité paternelle du grand-duc de Toscane, et qui vous trouvez dans une pareille ville, soumise à la fois à la toute-puissance des empereurs d'Autriche, et qui pis est, au génie de M. de Metternich, vous retournez la tête avec un profond soupir, et vous vous dites : *On m'a changé en chemin mon Italie!*

Donc, me sentant écrasé par l'admiration et par

l'enthousiasme, et comme je ne pouvais plus ni rien voir ni rien sentir, ni rien comprendre, je pensai à m'échapper de l'Italie autrichienne. — Mais, me disait-on, vous êtes à Milan, et par conséquent vous êtes bien près de Venise, et que faites-vous? Comment passer par Milan sans traverser Venise! Et notez bien que ceux qui parlaient ainsi m'engageaient d'autant plus, qu'ils ne m'adressaient nullement ces phrases toutes faites à propos de Venise. Ils ne me disaient pas: *Venise la belle! Venise la morte!* Ils ne me rappelaient ni les vers de Byron, ni les vers de M. de Lamartine; ils me disaient tout simplement: *Venise!* et ce seul mot me poussait bien plus loin que n'eût pu le faire la plus fanatique déclamation. Aussi le soir, par une nuit étoilée, assis tout en face du dôme de la cathédrale de Milan, pendant que les anges de marbre entonnent leur cantique éternel, je me répétais tout bas: — Venise! Venise! Venise! Et puis je regardais encore tout au loin, comme si j'avais dû voir accourir à moi Florence.

Ici je me fis à moi-même le raisonnement suivant: Non, il ne faut pas aller à Venise. Il n'y a plus de

Venise. Il n'y a plus qu'un monceau de ruines, des marbres déserts, du fer rouillé, des ponts qui croulent, des cachots comblés, une mer qui s'enfuit, chaque jour plus épouvantée de ce silence; plus de chansons joyeuses dans les lagunes, plus de jeunes gondoliers épris de vin et de poésie, plus de gondoles remplies de mystère et d'amour. L'Adriatique! pauvre veuve qui a perdu son doge, et que nul ne peut plus épouser. Non, je n'irai pas à Venise pour écouter ce dernier râle. Et puis d'ailleurs, veux-tu donc en un seul jour épuiser toute l'Italie? Ne veux-tu rien garder pour tes chagrins à venir? — pour l'exil à venir? Ne sens-tu pas que tu es horriblement fatigué, et ne veux-tu pas changer tout ce soleil contre un air frais et pur? Et cependant Venise était là-bas qui m'appelait de son geste amoureux, secouant sa tête chargée de fleurs fanées, me tendant ses blanches mains chargées de fers! J'ai eu là un moment d'anxiété bien cruel.

Et cependant je suis parti de Milan sans aller voir la ville des doges. J'ai laissé là tous les apprêts du couronnement impérial, et je n'ai même pas demandé à voir la couronne de fer. Une fois mon parti pris, je respirai plus librement ; je pressentais déjà ces hautes montagnes de la Suisse, dont les blancs sommets brillent au loin d'un éclat incroyable. A mesure que j'avançais dans ces nouveaux sentiers, je me sentais vivre et renaître. Mon cœur oppressé se calmait, ma poitrine gonflée reprenait son niveau, ma tête était moins brûlante et ma pensée assoupie errait çà et là doucement, sur ces plaines vertes entrecoupées de petits ruisseaux qui servent de tapis aux montagnes. A dater de ce moment, et pour mieux jouir de ce nouvel état de l'âme et des sens et pour ne rien gâter à cette douce extase, je ne demandais plus, comme je faisais naguère à chaque instant : — Quel est ce village ? quelle est cette ruine ? quel est ce clocher ? et les mille autres innocentes questions du voyageur ignorant, curieux et attentif. Non. Je ne voulais plus rien apprendre, je ne voulais plus rien savoir. Cette fois il me suffisait de voir, sans regarder, de sentir, non pas de comprendre. J'allais comme au hasard, et à chaque pas nouveau que je faisais loin du pays des chefs-d'œuvre, je me sentais plus heureux et plus léger. A la fin, j'allais donc laisser là toute mon admiration, ce fardeau si lourd à porter! A la fin, j'allais donc me dépouiller de mon enthousiasme, ce manteau qui brûle! Soyez béni, mon Dieu, qui avez placé les montagnes de neige non loin des plaines lombardes, les chalets de sapin non loin de ces palais de marbre, la Suisse agreste et républicaine à côté de l'élégante civilisation du royaume de M. de Metternich!

Cependant, que les routes sont belles dans ces montagnes autrichiennes! La patience allemande n'a jamais rien construit de plus solide que ces larges chaussées qui traversent les étangs à pied sec, qui grimpent au sommet de la montagne d'un pas rude et ferme, admirables escaliers qui aplanissent les montagnes, qui comblent les vallées, qui sont faits tout exprès pour laisser passer les armées, et dont le voyageur profite comme s'il était un héros. Ces belles routes tant vantées que traça le génie de l'empereur Napoléon sur le Simplon, elles sont peut-être vaincues par les grandes routes qui conduisent de l'Italie dans la Suisse. Mais ne faisons pas de comparaisons inutiles, allons toujours.

On chemine ainsi, ou plutôt on grimpe ainsi jusqu'à un certain moment où tout d'un coup vous descendez dans l'Helvétie. Cette fois, adieu l'Italie : c'en est fait, dites adieu à toutes vos sensations passées ; la scène change et vous changez comme elle ; vous étiez un gentilhomme, vous étiez un artiste, vous étiez un poëte ; à Turin vous marchiez au bruit des tambours ; à Gênes vous parcouriez les palais des doges ; à Florence vous étiez le convive du grand-duc ; à Milan vous teniez à la main votre cher passe-port, votre liberté d'entrer et de sortir ; cette fois vous voilà un simple habitant des montagnes, un paysan, un pèlerin, je ne sais quel nouvel arrivé dans un monde nouveau. Allons, respirons plus à l'aise. Mais cependant, faut-il donc descendre tout là-bas au fond de ce gouffre ? Mais là-bas, voyez ce qui se passe. Des torrents se précipitent, des avalanches s'amoncèlent, l'écho de la montagne gémit et pleure ! Ah ! ce n'est plus la large route arrangée, pavée et frayée par le soldat allemand, c'est un rude petit sentier mal dessiné dans la montagne par un pâtre, et dans lequel vous passez à peine ; où sont-ils ces ponts formidables qui pourraient porter des villes ? La Suisse, en fait de ponts, ne connaît guère qu'un tronc d'arbre jeté d'une rive à l'autre ; le pont tremble sous vos pas : à la bonne heure ! cela vaut mieux que de trembler sur le pont. Où donc est-elle la voûte solennelle qui coupait en deux la montagne, laissant de distance en distance une large ouverture sur cet immense paysage? La montagne helvétique est rude et sauvage ; elle ne sait pas s'entr'ouvrir poliment devant le voyageur, il faut que le voyageur se batte avec elle et la dompte, si le voyageur veut passer. Et pourtant, malgré ces difficultés sans cesse renaissantes, quel adorable voyage ! Quels frissons inattendus ! Que vous aimez ces cascades qui tombent! ces rivières qui s'échappent du flanc de la montagne! Que cela est rempli d'intérêt! Un filet d'eau qui se laisse tomber goutte a goutte du haut du rocher, qui se brise sur les cailloux de son lit, qui se perd sous les herbes naissantes, et qui plus loin devient le Rhin, le plus beau fleuve de l'Europe! Il vous semble alors que vous assistez à ces combats à boules de neige conduits par cet enfant, qui sera plus tard l'empereur Napoléon.

Ainsi vous allez toujours jusqu'à ce que vous ayez

atteint le fond de la montagne ; alors vous remontez un peu ; vous prenez une route resserrée entre deux rochers, et plus vous avancez, plus la route se resserre, et, de chaque côté de cette route, pendent de vieux arbres chargés de mousse, et toutes ces pierres sont ruisselantes, et tous ces échos sont grondeurs ; et, plus vous marchez, plus la voie devient étroite, plus elle devient sombre, triste, sévère, et tout à coup, tout à coup, la route s'arrête, épuisée, épouvantée, n'en pouvant plus. Où donc êtes-vous arrivé ? Il n'y a que Dieu qui le sache ! Plus de chemin frayé, plus de sentier nulle part. Vous êtes en présence d'une masse inerte, imposante, taillée à pic ; un mur haut comme le ciel s'interpose entre vous et le reste du monde ; vous restez confondu, anéanti, éperdu comme le chemin, et vous vous regardez l'un l'autre, le chemin et vous, comme le chien interroge son maître quand il a perdu la trace du chevreuil. Êtes-vous donc, en effet, arrivé à la borne fatale où le monde s'arrête ? pouvez-vous lire ? pouvez-vous déchiffrer sur ce mur les mots sacramentels : *Tu n'iras pas plus loin ?* Et cette fois l'Éternel vous a-t-il traité avec plus

de respect que la mer, arrêtée par un grain de sable ?
Telle est votre épouvante ! D'autant plus que sur cette
ombre qui se prolonge sur ces murailles, la nuit jette
encore une ombre plus épaisse ; d'autant plus que le
vent grince dans les arbres, que le ruisseau gronde
au loin, que le silence est implacable ! Tel est l'étonnement, telle est la terreur dont vous êtes saisi à ce
passage du Splugen, qui s'appelle la *Via Mala*. Triste
route, en vérité, remplie de terreurs, mais admirable !
Et, après ces premières angoisses, jugez du bonheur !
quand, à l'instant de revenir sur vos pas, comme si
vous étiez le jouet de quelque songe terrible, soudain,
entre les deux roches escarpées, vous trouvez un léger pont de bois, que vous franchissez au milieu de
ces bruits épouvantables. Et cette fois, vivat ! vous
avez échappé à la Suisse déserte, vous entrez dans la
Suisse habitée : les chalets commencent ; et vous les reconnaissez pour les avoir tenus dans vos mains, rapportés tout blancs et tout frais comme d'élégantes miniatures de ces maisons rustiques, qui ne sont elles-mêmes que de frêles miniatures, comparées à ces
pierres taillées de l'Italie.

L'impression de la Suisse vue ainsi est suave et mélancolique. En vain de nos jours, où l'on s'est moqué de toutes choses, a-t-on voulu faire une risée de ce peuple si calme au milieu de cette nature si calme : je ne vois pas comment on en peut rire, avec la meilleure volonté du monde. Voici des hommes qui vivent dans les montagnes, qui disputent leur petit domaine à l'hiver, qui ont trouvé le moyen de faire produire des fleurs à la neige, des moissons à la glace, des arbres à la pierre; industrieux laboureurs, ingénieux architectes, soldats dévoués, tendres cœurs, corps robustes, des hommes qui sont leurs propres maîtres dans une république tranquille et forte, qu'y a-t-il donc là de si risible ? Ils naviguent, dans de riches bateaux à vapeur, sur les plus beaux lacs du monde ; ils sont visités chaque année par tous les heureux oisifs de l'Europe ; ils amassent peu à peu, aux dépens de notre curiosité frivole, une petite fortune ; ils font tous les métiers permis, agriculteurs, soldats, peintres, sculpteurs, bergers, aubergistes, députés, législateurs, pasteurs ; ils se suffisent à eux-mêmes, et au delà ; leur sang est vif et beau, leurs femmes sont fraîches et grandes; leurs villes propres et nettes; leurs mœurs simples et rudes; leur tolérance est parfaite, le protestant et le catholique n'ont souvent qu'un même temple; leur indépendance est entière, leur sagesse peu bruyante, qu'avez-vous donc à rire des Suisses, Messeigneurs? Mais qu'importent vos fins sourires? le Suisse daigne à peine les remarquer, ou, s'il les daigne remarquer, il me semble que je l'entends vous dire, comme Alceste :

Par la sambleu, Messieurs, je ne croyais pas être
Si plaisant que je suis !. . . . .

et, en effet, le digne Suisse aurait raison.

Mais je reviens à cette course enchanteresse à travers les calmes chalets si doucement habités.

Je ne saurais vous dire tout ce qu'il y a de frais et d'enchanteur, de calme et d'animé dans ces petits villages dont les prairies sont parsemées. Chaque maison est chaudement abritée sous un vaste toit de chaume; la fenêtre est étroite, la porte est plus haute que large, on comprend que l'hiver venu, la maison deviendra tanière, et qu'il ne faudra guère laisser pénétrer en dedans le froid du dehors. Mais comme nous étions alors en bel été, comme l'oiseau chantait sur le chaume, comme tout fleurissait autour de la maison et même le chaume ; comme le lac était limpide et le ciel bleu ; comme les cloches tintaient au loin ; comme le soleil, rafraîchi par la neige des montagnes, pénétrait alors dans ces demeures ouvertes dont il visitait le moindre recoin ; à cet instant chaque maison prenait un air de fête ; le toit s'avançait beaucoup moins dans la rue, la porte était plus grande, la fenêtre moins étroite. Le balcon, orné de ses festons de bois, était plus habité que l'intérieur même de la maison, et sur ces balcons plus d'une jolie fille *te* souriait doucement de son naïf sourire, *te* saluait de ses doigts effilés, se levait devant *toi* pour *te* mieux montrer la souplesse de sa taille, et la finesse de sa jambe, et ce petit pied arabe enfoncé dans ces petits sabots chargés de guirlandes amoureuses. Le balcon d'un chalet, c'est le refuge de la jeunesse, de la beauté, de l'éclat de rire, de la naïve chanson où il est parlé de cet abominable Gessler ; mais tout au bas de la maison, et sous le balcon même, se tient, une quenouille à la main, l'aïeule bonne et grondeuse, et alors s'établit entre cette jeunesse qui chante et cette vieillesse qui gronde je ne sais quel harmonieux duo des deux passions extrêmes de la vie. — Rien n'est allemand et pittoresque comme cela.

Je vous ai dit que, chemin faisant, je ne demandais le nom d'aucun village; mais je les admirais tous. Ici au pied de la colline, là-haut au sommet de la montagne, plus loin, au bas du grand lac, ce miroir d'argent qui obéit à la moindre impulsion qu'on lui donne. Si jamais la vapeur a été faite pour pousser l'homme, certes elle a été faite pour pousser l'homme sur les lacs. Le lac est immobile, il n'a pas de volonté à lui, il obéit simplement à celle qu'on lui donne; allez; venez; vous le trouverez aussi docile. Si bien qu'à l'aide du plus petit bateau à vapeur se tiennent, presque aussi bien que par un pont, les deux rives du même lac. Ainsi ont été vivifiées ces admirables pièces d'eau qui avaient autrefois leurs dangers et leurs tempêtes tout comme des mers véritables. Ainsi fait de côté et d'autre, çà et là, le voyage est charmant. Rien ne vous échappe, ni le presbytère, ni le château, car il y a des châteaux ! ni la grille en fer ; car il y a des grilles en fer ! ni la maison en pierre ; car il y a des maisons en pierre ! Laissez faire votre esprit, si votre esprit est dans son jour de bonheur ! et vous allez voir que pour l'admiration tout se remplace, même l'Italie ! Vous admirez là-bas des tableaux du Titien et des bas-reliefs de Michel-Ange ; eh bien ! mettez-y un peu de bonne volonté, et admirez les tabatières et les figurines des Titien et des Raphaël de l'Oberland. On ne peut trop louer, en effet, je ne dirai pas ces beaux-arts, mais ces arts si naïfs et si doux, qui nourrissent l'artiste, qui font mieux que sa gloire, qui font son bonheur : arts charmants qui n'avancent ni ne reculent, qui s'apprennent tout seuls, qui ne font ni jaloux ni envieux, combien vous êtes préférables à ces grands arts qui tuent la vie ! Que de misères autour de ces marbres gigantesques, de ces toiles que surcharge l'histoire ! Au contraire, quelle douce joie innocente et pure, ce bois taillé avec un méchant outil par un pâtre qui garde ses brebis sur la montagne ! J'ai entendu rire du *Ranz des Vaches* : c'est en effet un air très-simple, quelques notes d'un effet très-mélancolique, et cependant tout-puissant. Croyez-vous donc qu'il n'y ait pas dans ces quelques notes, qui rappellent au Suisse, et si vivement, la patrie absente, autant de puissance que dans les plus beaux airs de Rossini ou de Meyerbeer?

Cependant, malgré moi, on me disait quelquefois le nom des villes où nous passions. C'est ainsi que j'ai reconnu la ville de Constance, à son nom d'abord, et ensuite à cette indicible odeur de vieux saints et de foin nouveau, cette odeur de concile et de campagne, d'encens et de fleurs champêtres. — Ville étrange, élevée tout exprès pour la discussion théologique, et qui n'a entendu à ses oreilles que les informes disputes d'une scolastique furibonde. Le moyen, pour une pareille ville, de ne pas mourir d'ennui tout de suite? Le moyen de croire quelque peu à l'avenir, pour une ville qui s'élève sous les désordres des princes de l'Église, à la lueur des bûchers nouvellement allumés, sous les baisers impurs des courtisanes arrivées tout exprès pour avoir leur part dans le luxe et dans le désordre de la cour de Rome qui touchait à sa perte! Aussi cette ville de Constance, si richement bâtie et que baigne un si beau lac, est-elle morte tout de suite ; elle n'a pas même duré si longtemps que les passions théologiques qui la fondèrent ; elle a disparu, ou, ce qui est plus triste, elle est restée vide, silencieuse, impuissante, immobile. Pourtant, avec un peu de soin, vous retrouvez tous les souvenirs du concile. Ces grandes filles sveltes et si mal à l'aise dans leurs longues tailles, portant encore quelques fragments de vieilles dentelles qui ont servi de rochet aux cardinaux ; des siéges en vieux chêne noir ont conservé je ne sais quelle attitude hypocrite qui rappelle à la fois l'église et le boudoir. Dans la rue, des hommes noirs vous accostent, et ils vous disent : — *Voulez-vous voir le cachot de Jean Huss ?* — Eh ! pour qui me prends-tu, mon brave homme ? Quoi ! je serais venu là et de si loin, pour voir le cachot dans lequel un homme courageux et convaincu a souffert mille morts avant de marcher au supplice ? Quoi ! j'aurais quitté la douce et étincelante Florence pour venir m'ensevelir dans ces décombres sanglantes, dans cette tombe anticipée, entre ces quatre pierres évangéliques où le réformateur a sué son agonie ! Non, je ne veux pas de ton cachot! non, je ne veux pas recevoir l'horrible sensation que tu me proposes. Singulière vanité des villes, cependant! Elles se vantent de leurs bourreaux comme elles se vanteraient de leurs grands hommes; plutôt que de ne rien montrer au voyageur qui passe, elles lui montreraient les cendres de leurs bûchers, et jusqu'aux taches du sang qu'elles ont versé. C'est ainsi qu'à Holy-Rood, on renouvelle chaque année la scène sanglante du joueur de luth de Marie Stuart.

Malheur aux villes qui n'ont à vous offrir que des souvenirs de sang et de vengeance! malheur au curieux qui se détourne de sa route pour une goutte de sang versée il y a deux siècles! Pour moi, en toute hâte je quittai Constance, et je repris ma course à travers le monde; mais après avoir dépassé Constance ce n'était déjà plus la même Suisse que j'avais vue. L'horizon s'élargissait, le sol devenait plus ferme, la vie des affaires se montrait de nouveau sur les routes. A ce moment de mon voyage, la France n'était pas loin, mon Dieu! Il me semblait que je l'entendais chanter là-bas à ma gauche son chant éternel de gloire, de liberté et d'amour. Quelle violence ne me fallut-il pas encore pour ne pas me précipiter sur nos frontières ! Pauvres frontières, qui ont jadis marché au pas de charge bien au-delà du Rhin, et qui maintenant se tiennent respectueusement à distance du beau fleuve ! Ainsi passant et retournant la tête, je me trouvai tout simplement à Mayence.

La première chose qu'on va voir à Mayence quand on a vu le Rhin, quand on s'y est baigné, et avec quelles délices ! dans ses eaux jaunies et savoureuses, c'est le dôme. Le dôme de Mayence, c'est tout comme le dôme de Pise, un souvenir de l'art byzantin, mais un souvenir plus complet, une imitation plus entière, une chapelle transportée de Constantinople sur les bords de ce beau fleuve. Rien n'est plus vieux et plus triste que ce temple. On dirait que les arcades affaissées vont laisser tomber sur vous cette voûte immense ; on dirait un monument qui ne tient plus à rien, ni au passé, ni au présent, ni à l'avenir, et qui se meurt en silence et sans se plaindre. Dans les dernières guerres, les boulets de l'empereur Napoléon ont endommagé la vieille cathédrale, et elle n'a même pas daigné s'en apercevoir; elle se rappelait sans doute l'église de Constantin-le-Grand que le soldat de Mahomet II voulait briser à coups de marteau, en commençant par la mosaïque. Dans cette église moitié rebâtie, maladroitement recouverte d'un ignoble badigeon, beaucoup trop éclairée pour la majesté du sanctuaire, sont étendus pêle-mêle, couchés sur leurs tombeaux de pierre, plusieurs de ces anciens monarques allemands et français qui ont l'air de fables : *fabulæque manes*. Les grands noms inscrits en caractères gothiques sur ces dalles sonores seraient d'un effet puissant, si la sainte basilique ne laissait pas entrer tant de soleil, le soleil, ce grand destructeur des mystères. Rendez au temple ses vieux vitraux, débarrassez-le des ornements modernes, replacez la vieille rouille du temps sur ces statues réparées, sur ces vieux tableaux passés au vernis, et vous allez retrouver en entier ce vieux poëme étouffé par le bruit et par le mouvement de la ville.

Mais que dis-je? ce que je dis est impossible. Car vous auriez beau rendre à l'église ses ténèbres, replacer dans leur niche noire les vieux saints de la lé gende, rappeler même les vieux archevêques de Mayence et les vieux empereurs, il y a sur la porte de la cathédrale la statue d'un homme qui donnera un démenti éternel à votre pieuse entreprise, un homme qui n'a plus voulu que la croyance restât ainsi ensevelie dans les langes chrétiennes, un homme qui a jeté sur le monde plus de flots de lumière que le soleil; j'ai nommé cet homme : c'est Guttemberg, l'inventeur de l'imprimerie, né à Mayence, le plus grand, le plus puissant, le plus immortel des révolutionnaires présents, passés et à venir! Allez donc défendre pied à pied les priviléges de l'église primitive, en présence d'un pareil docteur!

A vrai dire, cette statue de Guttemberg est misérable. Il est impossible de moins comprendre et de représenter d'une façon plus grotesque un homme de ce génie. On a fait de Guttemberg une espèce d'Allemand difforme qui a l'air de demander une pipe aux étudiants qui passent. Ceci est pourtant l'œuvre de ce célèbre Torwalsen qui fait soulever des villes à son passage, espèce de Canova exagéré et emphatique qui a fait chez nous des écoliers détestables.

Quelle pitié, dans les arts de l'imitation, d'exagérer toutes choses, la grâce ou la force! Par le même procédé, Canova ne produit que des filles de joie, et Torwalsen que des forts de la Halle. Ceci n'a rien de commun avec le *Moïse* et la *Vénus;* mais où sont-ils, les grands sculpteurs d'autrefois?

A Mayence, le bateau à vapeur s'empare de vous, voyageur fatigué de courir les grands chemins, et vous vous voilà aussitôt qui remontez le Rhin à travers les vallons, les montagnes, les ruines que recouvre le pampre vert, à travers toutes les douces joies de ces beaux rivages. Quelle fête des yeux et des sens! Quel enchantement de voir ainsi passer devant vous ces vieux châteaux forts, ces maisons blanches, ces frais hameaux qui se mirent dans l'onde, pendant qu'autour de vous, assis à un banquet éternel, l'infatigable Allemand mange, boit et fume, tranquillement assis autour de la vaste table dressée sur le pont du léger navire! Jamais plus calme voyage n'a été entrepris par des voyageurs plus calmes; car ceux-là, heureux de vivre, sans souci de la veille, sans inquiétude du lendemain, s'abandonnent volontiers au nonchalant balancement de l'heure, c'est-à-dire de la vague présente ; ils mangent et ils boivent tout le jour, et quand ils ne mangent ni ne boivent, ils fument, jetant quelquefois un regard de componction sur cette belle et éclatante nature dont ils font partie. Quelle différence entre ceux-là, les heureux sans agitations, et ces volcans italiens qui se démènent et qui s'agitent pour un peu moins que rien, et ces autres volcans, les Français, qui, même sur le bateau à vapeur de Paris à Saint-Cloud, trouvent le moyen de disputer avec leur femme, de gronder leurs enfants et de causer de leurs affaires ? Moi, j'étais ravi de contempler ce tranquille bonheur, d'admirer cette faim insatiable, d'augmenter de mon mieux, la pipe à la bouche, cette épaisse fumée, et avec quelle joie j'ai bu à la santé de ces vignobles dont le vin, jaune comme la pierre à fusil dont il a la saveur, porte dans les veines un feu si doux, si caché et si pur !

Nous voici à Coblentz ; le pont de bateaux se coupe en deux parties pour nous laisser passer, quand au milieu de notre bateau on crie : — *Au feu !* en allemand et en français ! — Remettez-vous, ce sont quelques toiles qui brûlent. Le soir, je me promène sur les remparts de la ville ; je respire le frais dans les fossés aussi parés de fleurs que les jardins des Tuileries ; je vais regarder la citadelle qui domine la montagne ; je retrouve à chaque pas la France, et je me dis : Et pourquoi donc n'est-ce pas là la France ? Cependant le tambour bat aux champs, les soldats se réunissent, la musique militaire se fait entendre. — *Vivat!* c'est un prince qu'on attend et qui ne vient pas. Ces soldats étrangers sont jeunes et beaux, et bien tournés. Même sans être un soldat très-exercé, on reconnaît que cette armée ne sonne pas le creux comme l'armée du roi de Sardaigne. A Coblentz, le Rhin est la plus belle nappe d'eau qui se puisse voir. — Quant aux ruines, elles sont semées çà et là avec tant de goût et de discernement, qu'on les dirait faites tout exprès pour l'enchantement du paysage.

Puis, le lendemain matin, savez-vous bien que j'étais au but de mon voyage ? Dans un coin retiré, au bas d'une montagne, ou plutôt entre quatre montagnes, dans le plus étroit petit espace que puisse occuper un petit village, est bâti un petit bain encore peu connu dans ce très-caché petit village nommé Ems. Quelques jolies maisons blanches composent ce hameau. Une espèce de château, bâti au commencement du siècle passé, par un châtelain qui cherchait à vendre son eau chaude, est le centre de ce beau lieu. Dans les fondations de ce château, ont été creusées plusieurs baignoires que remplit l'eau chaude et sulfureuse. Là, je voulais me reposer de mes fatigues de l'esprit et du corps. Quelle admirable tiédeur dans ces bains taillés dans le roc! Quel bien-être de tous les sens! Comme peu à peu le calme vous revient à l'âme, la souplesse au corps! Je ne sais rien de plus charmant qu'un mois de la vie passé ainsi à ne rien faire, à ne rien voir, à ne rien sentir, à ne rien comprendre, à ne rien savoir des bruits qui se font dans le monde! Et notez bien qu'il ne s'agit pas ici de ces eaux somptueuses consacrées aux riches et aux oisifs de l'Europe, d'un village rempli des Parisiennes de Paris ou de Londres, de Naples ou de Saint-Pétersbourg. Non, il s'agit d'un petit village tout simplement habité par d'honnêtes Allemands qui fuient l'éclat et le bruit comme le plus souverain de tous les maux. Il s'agit d'une douce verdure dans les bois, d'une montagne qu'il faut gravir, d'un gros torrent qu'il s'agit de traverser. Là, point de fêtes, point de toilettes, point d'intrigues, point de romans nouveaux; pas une seule marchande de modes ! A peine a-t-on établi, dans une baraque, un jeu de roulette où les plus riches viennent perdre ou gagner quelques kreutzer ! Eh bien ! cette vie-là a son charme. Je ne changerais pas ce pauvre petit village d'Ems contre toutes les magnificences que l'on raconte des eaux de Bagnères. L'humble naïade d'Ems est si douce, si caressante, si pure, si facile ! Elle guérit toutes les maladies qui veulent, pour être guéries, le calme de l'esprit et du cœur. Que cette douce fontaine soit bénie ! et surtout la préserve le ciel de devenir jamais à la mode dans le faubourg Saint-Germain !

Et enfin quand cette coupe fut épuisée, quand j'eus assez mélangé au petit vin du Rhin l'eau de Seltz naturelle, exquise boisson de nos repas de chaque jour, je pris congé de ce doux petit coin de terre, je retrouvai à Coblentz le bateau à vapeur qui nous porta en deux jours, et par quelle route ! jusqu'à Rotterdam, au beau milieu de la Hollande. Mais cette fois le ciel était couvert de nuages, la pluie tombait par torrents, le fleuve grondait et nous couvrait de son écume; l'Allemand, éperdu et ne pouvant plus dresser la table sur le pont à demi noyé, se cachait sous les toiles grises pour fumer sa pipe; l'on eût dit d'un petit volcan mouillé. — Le fleuve est grand et triste et solennel dans ces parages; on comprend déjà qu'il est le voisin de la mer.

Quelle grande voix ! quels grands bras ! et comme il se jette de long en large à travers les villes qui se reposent en tremblant sur ses bords! On a peut-être dit bien souvent, mais on n'a pas dit assez la fraîcheur et la grâce des îles du Rhin, l'antiquité des villes, la richesse des campagnes. L'histoire et la poésie, la légende et la ballade se disputent ces bords. Nous saluons de loin Newied, Andernach et sa tour, le Drachenfels et ses sept montagnes, et dans cette course rapide trop heureux sommes-nous d'aborder à Cologne, la *Rome germanique,* la ville des miracles, des légendes, des saints martyrs, merveilleuse cathédrale bâtie par le diable. En effet, l'aspect de la vieille cité est étrange. Figurez-vous un entassement formidable de mâts, de clochers, de tours. — Vue de loin, c'est une ville admirable; vue de près, c'est un labyrinthe de rues sales et tortueuses; mais ce labyrinthe vous conduit à la cathédrale de Cologne.

Cette cathédrale de Cologne reste seule debout au milieu de cette ville, comme pour attester la toute-puissance et en même temps l'extrême impuissance de la foi catholique. Autour de ce vieux monument inachevé, tout est silence, solitude, désordre. Cette place a été jadis aussi entourée, aussi défendue que la place de Pise; mais rien n'a résisté des monuments élevés là, excepté la cathédrale. Donc elle est seule et perdue dans ce désert. Mais, soyez tranquilles, il lui suffit, pour se défendre, de sa masse imposante. Que vous dirai-je cependant de ce chef-d'œuvre incomplet et si grand? — Pensée avortée et merveilleuse! — muraille immense et seulement à moitié bâtie! — Un chant de triomphe poussé par la terre, et qu'on dirait interrompu par les formidables et retentissantes trompettes du jugement dernier! Dans quelles entrailles de la terre a poussé cette montagne de pierres? De quel abîme viennent ces grands créneaux gothiques, ces fines colonnades, ces dentelures ciselées? On dirait un de ces feux d'artifice perdus dans les airs, rien qu'à voir s'élancer les mille pointes de ces mille ogives ! Mais l'artifice est éternel; seulement un souffle puissant, le souffle de Dieu peut-être, l'a empêché de se perdre plus haut dans les airs.

Quand j'entrai dans la cathédrale de Cologne, la pluie retombait en fines gouttelettes, cent mille fois brisées par les tourelles; le portail, sur lequel priaient tristement tous les saints de la légende, était couvert d'une mousse humide et verdâtre; les deux tours, perdues dans l'obscurité pluvieuse, paraissaient plus hautes que de coutume et complétement achevées. Vous entrez dans le sanctuaire; mais quel froid vous saisit! quelle tristesse mortelle! Ce n'est plus là une œuvre humaine : ce sont des pierres à demi taillées et entassées par les génies, dans un jour de paresse et de caprice. A peine le sanctuaire est-il achevé, à peine l'autel est-il debout, à peine quelques-unes des immenses et sombres ouvertures sont-elles recouvertes de leurs vitraux gothiques. Désordre, confusion, misère, obscurité, grandeur, je ne sais quelle profane et majestueuse pitié qui sort de cet abîme : voilà cette œuvre. Le peuple de Cologne a bien raison de dire que le diable a passé par là pour bouleverser et écraser toutes choses ; mais le diable n'est pas plus puissant que les hommes : il peut tout bouleverser, il ne peut rien anéantir.

Voilà donc à quoi en est réduite cette cathédrale, qui devait être le pendant glorieux et allemand de l'église de Saint-Pierre à Rome ! Voilà donc le rêve de l'archevêque Conrad de Hochestedten, commencé en 1248, et auquel, en 1499, toute une génération travaillait encore ! On dit que l'architecte qui avait imaginé ainsi cette pierre transparente, afin que le Rhin y pût envoyer à toute heure du jour un reflet de son soleil, avait donné son âme au diable, et que le diable emporta cette âme avant même qu'elle n'eût achevé cette œuvre éternellement pendante. — *Pendent interrupta!*

Je vous disais donc que l'orage grondait au dehors. Au-dedans de la cathédrale régnait une obscurité pluvieuse. Les fenêtres percées dans ces murailles commencent au sol et s'élèvent aussi haut que le mur que soutiennent des piliers d'un seul jet, jusqu'à la voûte, supportée elle-même par des arbres d'une pierre flexible, dont les rameaux reposent sur ces mêmes piliers. Figurez-vous cent colonnes de cette hardiesse et de cette hauteur, couronnées par cent chapiteaux différents.

A chaque pas que vous faites sur ces dalles humides, vous rencontrez un tombeau, souvent sans nom, jamais sans écusson et sans armoiries. Soldats, empereurs, saints évêques, saintes femmes, et enfin, dans une chapelle, la châsse des trois mages. — Trois crânes étincellent sous trois couronnes de pierres précieuses. — Et enfin le tombeau d'une reine de France, Marie de Médicis, qui est morte, à tant de siècles de distance, dans cette même ville, où était née la mère de Néron.

Le bateau vous reprend pour vous conduire à Rotterdam. Nous passons la nuit à Dusseldorff, et le lendemain nous avons encore le temps d'aller visiter l'exposition de peinture ; et figurez-vous quel désappointement pour des gens tout frais arrivés du palais Pitti à Florence! Autrefois la ville possédait d'admirables toiles de Rubens : c'est maintenant la ville de Munich qui s'en pare. C'est son âme que Dusseldorff a laissé prendre à Munich en perdant ces Rubens. En revanche, Dusseldorff s'est mis à faire de l'industrie ; elle vend, elle achète, elle fabrique ; elle oublie parfaitement, dans toutes les transes lucratives de la spéculation, les adorables petites toiles de Téniers, les admirables toiles de Rubens.

A la fin le Rhin s'arrête. La mer est là qui l'attend pour le dévorer. Au loin voyez-vous ce pays plat qui se montre à peine un peu au dessous de l'eau? voyez-vous cette forêt de mâts, cette armée de radeaux? c'est Rotterdam ; c'est la Hollande! vous êtes dans le domaine de l'eau. En ce lieu les éléments changent de rôle; l'eau c'est la grande route, c'est la haie qui sépare les champs, c'est le mur qui entoure les maisons, c'est la parure, c'est l'ornement, c'est le fléau de ce petit coin de terre, de qui l'on peut dire : — *Souviens-toi que tu as été la mer, et qu'un jour tu redeviendras la mer!* Mais cependant que cette humide Hollande est fraîche, émaillée, verdoyante, plantureuse ! quels gros arbres qui vous prêtent leurs branches et leur ombre ! quels pâturages dans lesquels sont doucement couchées les grasses génisses de Paul Potter ! que les maisons sont calmes et nettes ! et vous entrez ainsi dans Rotterdam, tout en admirant cette nouvelle nature que vous reconnaissez pour l'avoir vue dans les chefs-d'œuvre des peintres flamands.

Singulière destinée des hommes ! Dans cette ville de vaisseaux marchands et de marchands, entre ces canaux dont les bords sont encombrés de ballots venus de tous les coins du monde, a vécu Bayle, le maître du doute ; là est né Érasme, ce Voltaire anticipé, le seul pendant qu'on puisse trouver à Bayle et dont la statue s'élève, plus narquoise que jamais, au milieu de la halle au poisson.

Vous dirai-je maintenant que j'ai été à La Haye et que je me suis persuadé que je me promenais au beau milieu d'un paysage de Kuyp ou Stanfield ? Ce sont là en effet des maisons en miniature, cachées sous des arbres énormes et à demi ensevelies dans les hautes herbes. La Haye, ce n'est pas une ville, c'est un grand jardin anglais. — dans ce jardin on a disposé toutes sortes de merveilles en petit, et même une prison et un palais. Le palais a été habité quelques jours par Louis Bonaparte ; de la prison sont sortis les frères de Witt, ces héros de la Hollande, pour être conduits à l'échafaud. Tout au bout de ce beau parc est situé un adorable petit village nommé Scheveling, entre deux rangées de vieux ormes qui mènent à la mer ! Il n'y a pas de paroles pour vous dire l'irrésistible étonnement du voyageur.

Que voulez-vous savoir de plus ? certes je n'irai pas vous parler de ces admirables musées, consacrés à la peinture flamande, que possèdent les riches Hollandais. Quand un Hollandais a fait sa fortune, comme il ne peut pas acheter de terre, il achète un tableau, et quels riants chefs-d'œuvre ! Et comme cette peinture est toute faite pour l'honnête homme qui la peut placer dans sa maison ! Tout au rebours des chefs-d'œuvre de l'Italie qui ne sont faits que pour les palais et les musées. Mais cependant Paris m'appelle de sa grande voix. Je quitte La Haye, je reviens à Rotterdam, assez à temps pour assister à l'une de ces fêtes nocturnes dans les casinos de la ville, quand un matelot, de retour de ses voyages lointains, s'en va chercher des danseuses à sa taille, avec lesquelles il danse et il boit jusqu'à ce qu'il ait bu son dernier habit. Le lendemain je passe la mer sur un bateau à vapeur, en compagnie d'un régiment hollandais. A l'instant où je vais entrer en Belgique et sur la frontière hollandaise, on m'arrête, et je suis obligé de rebrousser chemin jusqu'au quartier général. Il y avait six lieues à faire, et par des chemins abominables. Vous eussiez dit que la guerre était imminente, et que je n'étais rien moins que le maréchal Gérard déguisé en bourgeois. A chaque instant je rencontrais des sentinelles qui venaient reconnaître. On me conduisit de corps-de-garde en corps-de-garde, et alors j'expliquais de mon mieux, à qui de droit, que j'étais un Français inoffensif qui ne demandait que la permission de passer la frontière. J'arrivai ainsi au camp hollandais qu'on venait d'établir. Ces pauvres soldats étaient couchés dans la boue, sous des toiles criblées de pluie; — quelques officiers étaient couchés sur la paille. Jamais on n'a vu plus de misère et de souffrance, même dans un camp sérieux, en pays ennemi, en pleine guerre. C'est un jeu cruel que d'exposer sans nécessité de jeunes soldats à cette intempérie de l'hiver, surtout ces jeunes Hollandais à peine échappés au foyer paternel et à la marmite maternelle. J'attendis ainsi jusqu'au lendemain cette bienheureuse permission, qui me fut accordée de bonne grâce, et le soir de ce même jour de bivouac, j'arrivai à Anvers, où le grand Rubens eut ma première adoration. Après Rubens et la Descente de Croix, c'est l'Escaut qu'il faut voir, et même, si vous avez le temps, les ruines fort tranquilles de la citadelle nouvellement rebâtie. Quelques boulets sont restés dans la ville comme un souvenir de notre récent passage. — Le chemin de fer vous conduit d'Anvers à Bruxelles. C'est un chemin de fer comme les autres, rapide au départ, mais lent à l'arrivée, et qui s'arrête à tous les embranchements de la route où il fait souvent des haltes d'une heure ; ainsi nous arrivâmes la nuit à Bruxelles, ville splendide et pleine d'ennuis, mauvaise contrefaçon de Paris et de la France, — et le lendemain, mon Dieu ! j'étais en route pour Paris. — Comme vous voyez, j'ai fait là, pour un commençant, une longue traversée. Comptez donc que de lieues de tour, depuis la chapelle de Fourvières jusqu'à la cathédrale d'Anvers, en passant par Milan et Rotterdam !

XII.

LA PALAZZINA LAZZARINI.

Et maintenant, pour compléter le récit de ce voyage si rempli d'abandon et d'enthousiasme, course heureuse et facile à travers les douces passions et les chefs-d'œuvre éternels de l'Italie, il ne me reste plus qu'à vous raconter comment le hasard, cet honnête dieu trop calomnié, me voyant si épris de l'Italie et surtout si amoureux de Florence, m'a donné, à l'instant où je m'y attendais le moins, la plus belle petite maison qui ait jamais été bâtie sur une colline italienne, —maison habitée aussi bien que par Horace,—habitée par M. de Lamartine lui-même, qui m'en parlait l'autre jour, et qui a écrit sous ses ombrages ses plus beaux vers. Vive le hasard! il m'a donné plus qu'une fortune, il m'a donné un prétexte excellent pour retourner à Florence. Il m'a fait le voisin de la *tour penchée,* du *dôme* et du *Campo Santo* à Pise. — Dans toutes les places de l'univers, s'il eût voulu me rendre heureux, le hasard n'eût pas mieux choisi.

Voici donc comment je racontais cet heureux accident à peine de retour à Paris :

On parle tout bas, on se récrie tout haut. On s'aborde en se disant : — Est-ce donc vrai ? — Le voilà propriétaire d'un château! Les uns disent : — C'est impossible! Les autres ont l'air de s'écrier : — Quel dommage! Ceux-ci calculent déjà ce que peut valoir cette *bicoque.* Quelques-uns avouent franchement que le hasard a bien fait d'aller choisir justement celui-là qui ne s'est jamais inquiété de la fortune, pour en faire un grand seigneur. — Mais croyez-vous, ma chère, qu'il sera baron ? s'écrie une jeune femme, avec une petite moue charmante. — Peut-être prince, répond la vieille femme, qui est bonne et qui aime naturellement les gens heureux. Ceci est donc la grande nouvelle littéraire de la semaine. On aurait joué *la Popularité,* qu'on ne se serait pas autant inquiété de la comédie de M. Casimir Delavigne que de la villa Lazzarini. Des paris sont faits pour et contre. La carte d'Italie est toute grande déployée sur toutes les tables des faiseurs de nouvelles : on veut savoir où est située la terre de Lazzarini ? Voilà trois jours que durent ces angoisses, et le *Journal des Débats,* qui doit être le mieux informé, n'a-t-il pas eu la cruauté de n'en pas parler ?

Certes, le héros de cette aventure, qui n'est qu'invraisemblable, ne croyait pas être un homme si important dans le monde, que sa bonne fortune pût exciter à ce point l'intérêt public. Comment donc! au premier bruit de sa prospérité, la société française s'arrête dans sa causerie commencée, toute conversation change de sujet; la Suisse et le prince Napoléon lui-même, et les grands crimes de la Cour d'assises et les chemins de fer, s'effacent devant l'ombre incertaine de quelques orangers italiens, parce que ces beaux orangers en pleine terre auront par hasard changé de maître ? Quoi donc ! à ce récit jeté en l'air, il n'est pas un grand politique qui ne s'étonne, pas un grand écrivain qui ne s'inquiète, pas un loustic de petit journal qui ne se démène dans son petit venin.

Un château ! un château ! Il a des terres ! il a des esclaves ! il a des serfs ! il a un écusson ! il a une fontaine ! il a une terrasse ! il a des statues ! il a des plafonds dorés ! Mais c'est un monstre ! Et nous gens d'esprit qui, pendant son voyage, avions jeté tant d'épines sur sa route ! Mais les pauvres diables ne voyaient pas que ces épines étaient jetées, non pas sur sa route, mais derrière sa route ; et lui cependant, sans se douter de ces épines, il ramassait toutes sortes de fleurs écloses pour lui ; et si jamais quelqu'un a répété à bon droit les vers de Virgile, je vous demande qui donc l'a pu, si ce n'est lui ? « Salut, terre fertile, chargée de moissons et de fleurs ! qui donnes tes fleurs et tes moissons au premier qui passe, sans qu'il ait la peine de labourer! *Tellus inarata! Magna parens frugum, Saturnia tellus!* » Et certes Virgile, en célébrant la pompe, la magnificence, et surtout la générosité de son Italie bien-aimée, ne croyait pas avoir si bien dit.

Ceci donc est la grande nouvelle : — *Il a gagné un château!* Et jamais ni l'asphalte de Seyssel, ni l'asphalte Polonceau, ni l'asphalte Guibert, n'ont été cotés d'une manière aussi ascendante que le susdit château; même la *Calumnia* de Rossini n'a jamais été ainsi en *rinforzando*. Le premier jour, c'était une maison sans portes, sans fenêtres et sans conséquence; le second jour, c'était un château, mais à réparer, et vous savez que les réparations ruinent un homme; le surlendemain, le château était devenu palais; la pierre était devenue marbre; c'était plus qu'un jardin : c'était un parc, c'était une terre, c'était immense! Il y avait ceci dans le même journal : — *Cent cinquante mille francs!* et plus bas, à deux pages de distance : — *Trois cent mille francs!* Si la chose eût continué, on allait faire de la *palazzina* le palais Pitti; le baron devenait grand-duc de Florence, et Raphaël n'était plus assez bon pour être le badigeonneur de sa maison.

Mais enfin, vous-mêmes, vous qui êtes patients et qui savez bien qu'après tout vous aurez le mot de l'énigme, vous, mes lecteurs, dont le bonheur a un peu déteint sur l'écrivain millionnaire dont je parle, vous voilà déjà tout inquiets et tout ébahis, et vous voulez savoir tout de suite *ce qui en est*. Mais patience donc. Et si le héros de cette histoire avait été aussi impatient que vous, il ne serait même pas baron ! En fait d'oranges, il n'aurait que les oranges de madame Chevet. La vallée de Montmorenci, ou qui mieux est, cette douce et charmante vallée de Bièvre, serait à cette heure son seul domaine ; il ne serait guère qu'un homme très-heureux de vivre et d'écrire et de dire tout haut chaque jour ce qu'il a dans l'âme et dans le cœur. C'est parce qu'il a été patient qu'il est devenu ce gros et puissant seigneur que vous allez voir. En attendant, mon cher duc je ne sais qui, qui me lisez, donnez-moi la main, et quand nous serons ensemble, appelez-moi familièrement — *Monsieur le baron !*

Cependant j'arrive à notre histoire; je suis bon prince, je ne veux pas vous faire languir : laissez bourdonner autour de vous les exclamations, les négations, les affirmations et les gens qui nient en affirmant : — *On l'assure; mais je ne le crois pas!* — Tu ne le crois pas, mon fils; et pourquoi donc? As-tu cru à l'asphalte Seyssel? Et pourquoi ne veux-tu pas qu'en passant dans un de ces doux petits recoins de l'Italie, la nymphe italienne ait jeté sur mon passage quelques belles fleurs de sa corbeille? N'as-tu pas lu dans l'histoire qu'un gros Suisse avait trouvé à Moret le diamant du duc de Bourgogne, et qu'il avait été très-heureux de le vendre un écu? — Mais non, sois tranquille, reste dans ton repos, ne crois rien. Mais, malheureux, trois fois malheureux que tu es, tu le crois malgré toi !

Tu ne le crois que trop, malheureux Mithridate !

C'est une belle chose, en vérité, que d'être, comme on dit, — *Un enfant de la presse !* C'est plaisir comment vous traite votre excellente mère nourrice. Tant que vous êtes accroché à sa mamelle pendante, en haillons, et tout morveux et tout barbouillé de la lie pleine de fiel dont elle nourrit ses enfants, l'excellente femme vous sourit et vous caresse. A défaut d'un lait pur, elle vous donne de grosses flatteries. Elle vous jette, en vous souriant, les croûtes de sa besace. Tout va le mieux du monde ; vous êtes son enfant gâté, son chéri, l'ami de son cœur ; elle vous montre tous les royaumes de ce monde du haut de son cautionnement, et elle vous dit : — *Tu m'adores, je te donnerai tous les royaumes du monde !*

Vous, cependant, mal nourri, mal vêtu, malheureux, plein d'un innocent petit poison que vous crachez à tout venant, essayez de vous éloigner de votre chère mère en ambition, devenez quelque chose, volez de vos propres ailes, gagnez un château, soyez riche, faites un bon livre, parlez à la chambre avec l'autorité d'un grand talent, devenez seulement premier ministre, et vous verrez ce que vous ménage cette tendre mère ! — Ah ! gredin ! ah ! voleur ! ah ! brigand ! ah ! scélérat ! tu quittes ta mère nourrice ! Tu ne veux plus de son pain mal pétri, arrosé de sa gluante salive ! tu jettes là sa mamelle vide de lait ! tu veux marcher un peu tout seul ! attends, drôle ! Et voilà la douce marâtre qui vous traite son enfant gâté avec une rigueur sans égale. Elle invente, pour le torturer, des injures toutes nouvelles. Elle l'écrase, elle l'abîme, elle le tue, elle le dévore. Par exemple, s'il y eut jamais *un enfant de la presse*, c'est M. Thiers. Il en était l'honneur, il en devait être l'orgueil. La presse avait fait là un de ces chefs-d'œuvre dont elle devait être fière à tout jamais. Et cependant, comment a-t-elle donc traité son enfant gâté une fois que l'enfant gâté est parvenu sur les hauteurs du monde politique ? Certes, si elle ne l'a pas empoisonné, c'est que l'enfant s'est méfié de sa mère, et qu'il n'a pas voulu boire où elle avait bu.

Voilà ce qui est arrivé à M. Thiers; je ne serais pas étonné que la même chose arrivât à un *autre enfant de la presse*, moins élevé que M. Thiers, mais bien plus fidèle que lui à sa mère nourrice. Celui-là, depuis dix ans qu'il est arrivé à compter pour quelque chose dans les luttes de chaque jour, n'a jamais voulu être qu'un enfant de la presse. Il n'a jamais été rien plus, mais aussi rien de moins. Il aurait pu être sous-préfet, s'il eût voulu, ou bien inspecteur des écoles primaires; qui sait même? professeur de faculté à Lyon ou à Bordeaux. Mais celui-là est moins hardi que M. Thiers, il n'a rien voulu, il n'a rien demandé, il est resté un journaliste; il croyait apaiser ainsi par sa modestie la presse, son excellente nourrice, et qu'en continuant de lui appartenir corps et âme, il échapperait à ses coups tout comme s'il était un receveur de contributions dans quelque département éloigné.

Mais voyez le malheur qui poursuit *cet enfant de la presse!* Il se promenait sans songer à mal dans les villes et dans les campagnes italiennes; la presse, sa mère nourrice, pousse aussitôt des hurlements plaintifs; elle l'accuse, à la face de l'Europe, de s'être fait ambassadeur à Milan! Aussitôt, en enfant bien appris, il revient de Milan à Paris, sans attendre même ce couronnement où il devait représenter la France; il rassure ainsi par sa présence sa mère nourrice; il n'est pas ambassadeur, il reprend ses fonctions de chaque jour; il défend au contraire les droits de la presse contre l'association des gens de lettres ; il démontre aux juges et à tous que l'homme de lettres ne vient qu'après le journal ; l'avocat du journal lui emprunte ses paroles, le tribunal juge comme il a jugé ; à coup sûr l'écrivain a rendu ce jour-là un grand service à la presse. Ainsi donc il était bien tranquille de ce côté-là, et il allait tranquillement les mains dans ses poches, assuré de l'affection de sa mère nourrice.

Mais, encore une fois, voyez le malheur! à l'instant même où notre homme se croyait le plus à l'abri des injures de sa nourrice, voilà que, sans le savoir et presque sans le vouloir, notre homme gagne un château en Italie ; et alors, tout aussitôt, il est aussi mal traité que fut traité M. Thiers le jour mémorable où M. Thiers s'en fut remplacer le duc de Broglie au ministère des affaires étrangères et à la présidence du conseil.

Or enfin, et cette fois prêtez l'oreille, voici comment l'affaire s'est faite, non pas la présidence de M. Thiers, mais l'acquisition du palais Lazzarini. N'est-ce pas que cette histoire-là vaut tout au moins l'analyse des pièces nouvelles qui n'ont pas été jouées cette semaine? Et au fait, voilà pourquoi je me permets de vous la faire; car si seulement le théâtre des Variétés avait joué un petit vaudeville en un acte, adieu mon histoire; et vous, demain, vous seriez encore à vous demander: Mais qu'y a-t-il de vrai dans cette histoire de la Palazzina Lazzarini?

Le héros de cette histoire, et vous le connaissez, est sans contredit un des hommes les moins ambitieux de ce monde. Il a été heureux toute sa vie, c'est-à-dire que toute sa vie il n'a jamais désiré que ce qu'il pouvait avoir; il est vrai d'ajouter qu'il a toujours eu ce qu'il a voulu. Il a voulu avoir des chevaux, et il en a eu jusqu'à trois *dans ses écuries*. Il a voulu être opulent, et il a été opulent. Il a désiré ardemment redevenir pauvre, il est redevenu pauvre. Si vous saviez comme il est remonté leste et joyeux à son quatrième étage littéraire, calme et poétique, et que maintenant il ne quittera jamais! Je sais bien que vous allez dire que mon histoire n'arrive pas encore; mais l'histoire manque tout son effet si l'on ne vous rappelle pas le caractère du héros. Le beau mérite qu'il ait un château en Italie, s'il est ambitieux ! Il devrait en avoir dix, même en France, et il en aurait au moins un, s'il eût voulu. Mais avoir un château en Italie, quand on n'a même pas bâti un château en Espagne ! Voilà certes de quoi ajouter un grand intérêt à l'intérêt de ce récit.

Donc le héros de cette histoire, insouciant de la fortune encore un peu plus que de la gloire, était à Florence tout aussi heureux que peut l'être un critique entouré des chefs-d'œuvre. Il menait à Florence une vie passablement retirée ; quand il n'était ni au palais Pitti, ni dans les églises, ni à *la tribune,* il passait son temps dans un vaste salon où se réunissaient, comme dans un centre commun d'aimable conversation, d'esprit et de bon goût, les Parisiens de Paris, de Saint-Pétersbourg et de Florence. L'heure de midi à Florence est consacrée au repos : l'Italien se prépare, en dormant, à la fête du soir, fête éternelle. Cette heure de midi, nous la consacrions, nous autres, à causer et à fumer. A Florence, l'étranger n'a pas le temps, il n'a pas le droit de dormir.

Un jour donc que nous étions à parler des plus

beaux points de vue de l'Italie, et que chacun de nous vantait un de ces adorables recoins du gazon émaillé et du ciel bleu qu'Horace et Tibulle, que l'Arioste et même le Dante ont chantés, — *Per Baccho!* s'écria le docteur F..., ceci me rappelle que dans le duché de Lucques, tout à côté de ces eaux thermales si bienfaisantes, à l'abri d'une douce colline, il y a une maison qui se cache derrière les orangers en fleurs. La maison est en marbre, elle est posée sur une large terrasse qui domine le vallon; on y arrive par une large avenue; elle est abritée entre deux sombres bosquets; un aqueduc y entretient nuit et jour trois jets d'eau qui ne se taisent jamais, c'est un palais enchanté. — Qui de vous le veut avoir?

En même temps le docteur tirait de sa poche plusieurs billets de loterie. Vous savez que la loterie est une invention italienne; les Italiens aiment ce jeu facile, cette espérance lointaine achetée à si bas prix; il leur faut au moins un billet de loterie pour qu'ils se croient en droit de se construire, même une modeste cabane dans les nuages roses de l'avenir. Si donc on supprimait la loterie en Italie comme on a fait chez nous, on supprimerait en même temps l'espérance, le rêve tout éveillé, les pressentiments poétiques; on ôterait son plus doux prestige au doux sommeil italien. Quand donc arrive une loterie nouvelle, c'est une fête pour cette heureuse terre; chacun y prend part de son mieux : le vieillard tire le vieil écu de sa cachette; la jeune fille change en souriant le florin d'or tout neuf contre un papier flamboyant d'espérance; le prince lui-même, l'exilé détrôné qui a tout perdu à la loterie des révolutions, veut tenter cette fortune nouvelle, comme si le hasard de ce siècle donnait aussi facilement une maison qu'il donne un trône. Vous jugez donc si la Palazzina Lazzarini, ce bouquet de myrte et de marbre, manqua de chalands et de rêveurs.

Aussi les billets que tenait le bon docteur dans ses deux mains furent bien vite enlevés. Le maître du logis, qui est jeune, pétulant, heureux s'il en fut, dont la main est sûre comme le coup d'œil, s'empara de tous les billets qu'on voulut lui vendre; moi (car enfin, il faut bien vous le dire, c'était moi, et vous me pardonnerez mon bonheur en faveur de ma modestie), moi seul je ne prenais guère part à l'empressement général. La Palazzina pouvait m'intéresser comme œuvre d'art, comme paysage, comme aspect ; mais allez donc rêver que vous êtes propriétaire de cette verdure, si loin et de si loin ! En fait de rêves, je veux que mes rêves soient sous ma main gauche ; je me construirai, si vous voulez, une maison italienne à Bellevue, à Viroflay, dans les bois de Meudon, dans ces abîmes de verdure qui sont à ma portée ; mais comment faire pour que je me figure que je suis le maître des chaudes cascades des montagnes de Lucques, toutes belles que soient ces montagnes ? J'étais donc peu intéressé à ce hasard, quand notre hôte, se tournant vers moi : — Ça, dit-il, que sait-on ? Il faut que vous preniez un billet ! — Et combien se vend le billet, demandai-je ? — 11 fr. 50 ! répondit le docteur, qui voulait me voir garder mon argent. Moi, je dis : — C'est trop cher. Avec 11 fr. 50, dans cet heureux pays, je puis acheter un bas-relief de Michel-Ange ou un tableau d'André del Sarte, un beau domaine que j'emporterai sous mon bras, sur mon cœur. Si vous saviez les beaux livres que j'ai achetés hier pour dix francs! — Mais, entêté que vous êtes, reprit le jeune comte, ce n'est pas dix francs de France qu'on vous demande, ce sont dix pauls, deux de ces gros écus que vous laissez vaguer sur votre table et dont vous faites si peu de cas. — A la bonne heure, repris-je, je vais chercher ces deux gros écus, mais à une condition, c'est que vous-même vous me choisirez mon billet. Que voulez-vous que la fortune fasse de moi, si peu fait pour être riche? Vous, au contraire, vous êtes son seigneur et maître, et cela fera bien rire la fortune, si elle se figure que vous désirez un palais de plus. Que dis-je, un palais? une Palazzina!

En même temps, j'allais chercher mes dix pauls; mon billet me fut choisi par cette main intelligente et bienveillante; le comte voulut que ma signature fût apposée sur ce *bon billet,* et je le signai comme je signe mon feuilleton le dimanche, sauf à devenir gros J. comme devant.

Et véritablement, si au lieu de ces deux pièces de monnaie italienne il m'eût fallu tant seulement donner dix francs de France, j'aurais refusé cette fortune.

L'homme qui voyage tient autant à la monnaie qu'à la langue de son pays. Quel changement cependant pour notre patrie ! Si je n'avais pas changé la veille un louis d'or, il y aurait en France un gros baron de moins.

Le soir de ce jour mémorable, j'eus l'honneur de rencontrer S. A. R. le duc de Lucques. — Monseigneur, lui dis-je, j'ai acheté ce matin l'espérance de devenir propriétaire d'un château dans votre royaume ! — J'espère bien, répondit le prince, que vous serez alors un peu mon sujet. S. A. ne croyait pas si bien dire, ni moi si bien faire. A dater de ce jour je ne pensai plus à mon domaine, et je me conduisis tout à fait comme un honnête Parisien très-modeste, très-réservé, et qui n'aurait derrière lui que son très-médiocre héritage paternel.

Je dis adieu à Florence, je passai par Milan, je traversai le Splugen, et j'entrai en Suisse par un de ces sentiers inconnus qui ont échappé entièrement à la description du voyageur. Arrivé à Ems, dans le fond de l'Allemagne, je fus logé dans une petite maison de paysan, sans penser que j'avais la quatre-millième partie d'un palais aux bains de Lucques; je bus à longs traits l'eau allemande, pendant que la naïade italienne me tendait ses deux bras pour m'envelopper dans ses chaudes étreintes; en un mot je vécus comme un simple mortel. Rappelé à Paris par des inquiétudes bien vives, je traversai *incognito* la Hollande et la Belgique; et nul, à me voir peu chargé de bagages, laissant à chaque voiture nouvelle quelqu'une de mes dépouilles, sans manteau et sans chapeau, ne se serait douté quel était l'important personnage qui passait. Au contraire, chemin faisant, j'étais traité tout à fait comme un homme de lettres au sein de sa nourrice; j'avais la plus mauvaise chambre dans les auberges, la plus haute banquette dans les diligences. Singulière destinée ! j'étais parti traîné par quatre chevaux, et je revenais plus qu'à pied; c'était pourtant ce même instant que la fortune avait choisi pour me combler de ses singulières faveurs qui vont faire de moi dans la presse de mon pays : *l'abomination de la désolation.*

D'où je tirerai cette conclusion pour l'instruction de mes neveux : il ne faut pas mépriser les gens qui voyagent sur l'impériale d'une diligence. Et il ne faut jamais prendre de billet de loterie, car enfin on ne sait pas ce qui peut arriver.

A peine de retour à Paris, le jeune comte, mon ami, qui est bien obligé d'avoir autant d'ordre et d'exactitude que peut en avoir M. de Rothschild en personne, en dépouillant les papiers de son voyage, trouve parmi ses papiers mon billet de loterie signé de mon nom, il me l'envoie avec cette petite lettre : — *Mon ami, me voici, venez me voir!* Moi, je garde la lettre de l'ami et je jette le billet de loterie, ma fortune! mon palais! dans le panier où disparaissaient déchirées les lettres anonymes, les petits vers de province et la prose qu'on ne me redemande pas. Ma fortune a été là-dedans huit jours! Un degré de froid dans le thermomètre et mon château était au feu. Quand enfin, il y a quatre jours... ah! voici que l'intérêt vous gagne. Singulier penchant de l'homme! On s'intéresse plus à un château gagné au jeu, qu'à une belle page de bonne prose. Moi, je donnerais tous les châteaux du monde, et même le mien, pour avoir écrit la préface d'*Atala!*

Donc, il y a sept jours, plus ou moins, je reçois cette lettre :

« Si par hasard votre billet de loterie porte les « deux numéros » (car il fallait un *ambe*, j'oubliais de vous le dire):

72 — 75

« en ce cas, *vivat!* vous êtes le propriétaire du châ- « teau. »

Cette lettre m'arrivait le jour de la première représentation de *Benvenuto;* l'heure me pressait, je sortis de chez moi sans penser à ma fortune. Eh! qui donc peut penser à soi-même, quand on va assister à la lutte définitive et décisive d'un noble esprit, d'un grand courage, contre toutes les cruautés, contre toutes les injustices, contre tous les parvenus de son temps!

Vous savez ce qui arriva, comment Berlioz succomba sous son poëme. Je rentre chez moi à minuit, triste et fatigué. Je retrouve sur ma table la lettre et le procès-verbal daté de Lucques, et signé par le premier Ancien et le second Ancien, et le podestat, et les deux numéros étincelants

72 — 75 !

Par un effort de mémoire incroyable, je me rappelle alors ce que j'ai fait de mon billet. Je vide mon panier, et d'abord je ne trouve rien que des débris sans nom et sans forme. C'est qu'avec une ténacité sans égale, mon billet s'était attaché à l'osier. On eût brûlé les papiers qu'il ne serait pas tombé dans le feu. Certes, la fortune ce jour-là voulait de moi. En retrouvant mon billet à cette place, et même avant de l'ouvrir, je n'eus plus aucun doute ! j'étais sûr de mon palais, — c'était en effet

72 — 75 !

Et ce qui prouve que je suis un bon homme, et que véritablement j'étais digne de ma fortune, c'est que je m'endormis en pensant à Berlioz, en répétant tout bas le bel air de madame Stoltz : — *Mais bah !*

tant pis ! et que le lendemain, *il fallut réveiller cet autre Alexandre*, comme dit Bossuet.

Deux jours après, *deux jours !* le bruit de cette fortune soudaine, imprévue, miraculeuse, incroyable, se répandit avec la rapidité d'une mauvaise nouvelle. Mes amis s'en étonnèrent peu et me félicitèrent simplement; mais les autres ! Quelles inquiétudes mortelles ! Et ces petits enfants au berceau de notre mère commune, la presse, quelles injures ! En même temps arrive chez moi l'envieux de Zadig. Le caractère de l'envieux, c'est d'être envieux, il n'est qu'envieux, mais il l'est bien. L'envieux entre chez moi, les bras ouverts, la figure crispée. — Eh bien ! mon pauvre ami, est-ce vrai ce qu'on rapporte? (*Il prend un air sérieux.*) — Mais, lui dis-je, comment l'entendez-vous ? — Ah ! je le savais bien, c'est une invention des journaux. (*Il prend un air riant.*) — Mais non pas, la chose est vraie, j'ai gagné un château. — Un château magnifique, à ce qu'on dit ! (*Il prend un air sérieux.*) — Pas magnifique, une jolie maison. — Oui, un vide-bouteille : ça coûte plus que ça ne rapporte. (*Il prend un air riant.*) — Ça rapporte quelque chose, je crois. (*Il prend un air sérieux.*) Et pendant une heure vous verriez son rire tantôt triste et tantôt gai, selon que je lui rapporte qu'en effet cela est plus beau que riche, mais enfin que ce n'est pas tellement beau que ce ne soit un peu riche ; et puis je lui dis cruellement ce que je sais par le prospectus : — un aqueduc, une terrasse, un grand bois, deux bosquets, un beau jardin entouré de vases de marbre remplis de fleurs, tout le luxe italien au milieu de la plus belle nature italienne. Et cependant mon homme compte sur ses doigts ; il sait déjà que mon palais contient quatorze chambres meublées avec goût, et que les lits sont garnis, mais *tels quels* (*il sourit*), et que rien ne manque à la maison : linge de lit et de table, cristaux, tableaux, batterie de cuisine (*il est triste*).

D'autres m'abordent en me disant : — Mais pourquoi donc n'allez-vous pas visiter ce beau domaine ? — J'ai quelqu'un là-bas qui s'entend mieux que moi en affaires. (*Ils sont tristes.*) Et puis d'ailleurs qui parlerait de vos pièces nouvelles ? (*Ils sont tristes.*) Mais, dit un autre, et votre feuilleton, si je le prenais à votre place ? — Mon feuilleton n'est pas à donner, je le garde, et d'ailleurs le *Journal des Débats* ne voudrait pas de vous. Qui, moi! tout neuf encore, quitter ma plume, renoncer au monde littéraire, à ses amitiés, à ses haines, à ses calomnies, à ses vengeances, à ses cruautés de chaque jour! on me donnerait le duché de Lucques, que je ne voudrais pas!

Mais vous, je vous vois encore revenir à la charge, curieux que vous êtes ! Vous me frappez amicalement sur l'épaule, et vous me dites : — Entre nous (je ne le dirai à personne), que rapporte votre château et combien vaut-il ? Vous êtes là, bouche béante, et vous attendez ma réponse avec une anxiété qui n'a rien de méchant. Car, enfin, il y a château et château. Il y a le château de Sainte-Assise qui rapporte 50,000 livres. Il y a le château du Petit-Bourg qui coûte 100,000 fr. par an. — Vous avez peut-être gagné Petit-Bourg ? — Pas plus que je n'ai gagné Sainte-Assise. — Mais enfin (comme disait l'envieux), vous n'auriez gagné *que* 100,000 écus que ce serait déjà beaucoup !

Je vais vous dire, mais à vous seul, franchement et naïvement ce que me rapporte mon château et ce qu'il vaut au plus bas prix : — Je n'en sais rien. Mais ce qui est vrai, *c'est que j'ai gagné un château.* — *Il-y-a-châ-teau.*

Et que deviendrez-vous cependant? me demandent tout bas les amis inconnus qui me protégent et qui me défendent, et qui me traitent comme l'enfant de leur adoption; à quoi je leur réponds ce que répondait le gardeur de moutons.

Ce gardeur de moutons s'écriait un jour : — *Ah! si seulement j'étais roi de France!* — Eh bien! si tu étais roi de France? lui dit un homme qui passait: — Je garderais mes moutons à cheval.

Et moi, si mon château vaut quelque chose, j'achèterai un parapluie et j'irai à l'Opéra en omnibus.

JULES JANIN,

Peut-être Baron, et qui sait? Comte Lazzarini;
— Excellence, à coup sûr.

TABLE.

Dédicace.	1
Introduction.	5
I. — Lyon. — Le Chemin de fer. — Le Mont-Cenis.	9
II.	35
III. — Turin. — Gênes.	45
IV. — Lucques. — Pise.	91
V.	125
VI. — Dante. — La Cathédrale. — La Bibliothèque. — La Galerie.	151
VII.	167
VIII. — Le Palais Pitti. — Le Poggio impérial. — La princesse Mathilde Bonaparte. — Machiavel.	187
IX. — Le Cimetière et le Concert.	215
X. — Ferrare. — Parme. — Milan.	245
XI.	279
XII. — La Palazzina Lazzarini.	317

maestro raphaello dipintore i fiore[n]za

www.ingramcontent.com/pod-product-compliance
Lightning Source LLC
Chambersburg PA
CBHW050745170426
43202CB00013B/2312